FUCK MY CANCER

Manuela Wyler

FUCK MY CANCER

Autopathographie sans pitié

Fayard

Couverture : conception graphique © Virginie Berthemet
ISBN : 978-2-213-68655-4

Pour Aimée, Yvonne, Éliane, Irène et Fabienne. À Pierre, Lisa, Hugo, Jérémy, Clara, Clothilde, Roxanne, Nathalie et Axel. Merci à Frau Blucher, Hélène, Martine, Annic, Philippe, Barbara, Lise, Yaël, Gil, David, Laurence, Valérie, Marie, Brigitte, Rachel, Nathalie, Ken, Isabelle, Kolia, Samuel, Elsa, Marie-France, Emeline, Pamela, Jérôme, Guy, Floriana, Anne-Sophie, et aux Soprano pour la compagnie

Parce qu'il faut commencer au début

Tout a commencé un jeudi, dans une cour intérieure, derrière la porte qui me séparait du trottoir d'un boulevard parisien. Je sortais d'un cabinet de radiologie, je tenais dans une main les comptes rendus de ma mammographie et de l'échographie de mes deux seins. Je comprenais chaque mot du document, et même si le mot *cancer* était absent du texte, il se dessinait en gras et clignotait dans ma tête, accompagné du mot *danger*, écrit en capitales. Je sais, c'est déroutant, mais je suis aussi la fille qui rêve en VO et avec un générique de fin.

Au bas du courrier, il était écrit « ACR5 » à la rubrique « classification du résultat ». ACR 5, c'est mauvais, très mauvais.

Dans ma tête, ça se bousculait, et la seule question qui émergeait en boucle était *Qui tu connais, qui tu connais ?* Oui, je me tutoie. Je me connais assez intimement pour ça.

Et là, une réponse, comme une bulle dans une bande dessinée : un visage et un nom, un professeur de cancérologie avec lequel j'avais échangé épisodiquement pour des raisons professionnelles, autant dire sur un sujet qui n'avait strictement aucun rapport avec mes seins.

J'ai posé le dossier mammographie au sol. Il n'y avait ni banc ni chaise dans la cour. J'ai vérifié mon répertoire téléphonique et *appelé un ami*. On ne jouait pas à *Qui veut gagner des millions*, mais à *Qui a le numéro de téléphone direct du spécialiste cancer.* Et ce n'était pas un jeu. D'ordinaire, avec El Burlador, nous ne parlions pas de mes seins ; il a compris que, malgré ma propension à faire des blagues douteuses, j'étais sérieuse. Je lui ai envoyé le mail suivant à dix-sept heures dix.

Hello El Burlador

On vient de me trouver des trucs désagréables aux seins. Le professeur P. pourrait-il m'adresser à quelqu'un pour les biopsies. Merci pour ton aide. Bises

Dix minutes se sont écoulées. Une réponse au premier mail et deux clichés photographiques des comptes rendus d'examens plus tard, toujours dans la cour du cabinet de radiologie, je devais écraser le cinquième mégot de cigarette quand j'ai reçu l'appel du professeur.

J'ai lu le compte rendu. Ma secrétaire vous appelle demain matin et vous fixe LE rendez-vous au Centre Léon-Bérard dans le service spécialisé.

Je réponds par les formules de politesse et de gratitude en usage. Raccrocher et appeler mon mari. J'ai attendu d'avoir la solution pour le prévenir…

Nous étions tous les deux en déplacement professionnel et, par chance ou par hasard, tous les deux à Paris, où nous devions rejoindre l'un de nos enfants et sa petite famille pour une soirée qui aurait dû être joyeuse. Au téléphone, je tente de garder une voix normale pour lui annoncer qu'au jackpot on vient de gagner le gros lot. Parce qu'une nouvelle pareille, cela nous concernait tous les deux.

Et puis je rentre à l'hôtel à pied, au soleil de juillet. Les soldes s'étalent partout dans les vitrines. Aucune envie de shopping. Je me dis que cette fois la nouvelle est grave. Côté cancer, j'ai déjà donné vingt ans plus tôt pour la version *light* d'un cancer de l'utérus. Une version *light*, c'est quoi ? C'est celle qui ne nécessite pas de chimiothérapie.

Je me suis remémoré la chirurgie et ses suites, pas si légères en définitive. Couchée un mois, avec quatre enfants encore très jeunes. J'avais trente-deux ans, et je devais faire le deuil d'une hypothétique nouvelle grossesse. J'avais mis plus d'un an à me relever moralement. En cadeau-surprise : une belle dépression, amplifiée par le décès de mon beau-père chéri. Un cancer aussi.

J'ai pensé au cancer des ovaires de ma belle-mère, décelé trop tard, à sa fin de vie, l'ascite dans les poumons, les ponctions, la morphine, et à sa mort assistée. J'ai pensé au cancer du sein, aux métastases cérébrales et à la mort d'une amie d'enfance. J'ai aussi pensé au cancer du pancréas de ma marâtre, et je me suis dit que je n'avais pas tiré le plus mauvais des cancers à la loterie. Puis j'ai cessé de dresser cet inventaire morbide – cela s'avérait sans fin, et, à ce stade, essayer de positiver était juste une aberration.

Parfois, on ne maîtrise pas les stratégies que son cerveau met en place pour tenter de canaliser le stress. Et là, niveau stress, j'étais au maximum de charge supportable. Enfin, je le croyais…

De retour dans la chambre d'hôtel, j'ai ouvert le minibar et me suis versé un Jack Daniels. Normalement, je ne buvais jamais d'alcool dans la journée, et rarement le soir. Mais nous n'étions déjà plus dans une situation normale.

Avant de boire mon verre, j'ai appelé mon médecin généraliste, qui était absent, et pris rendez-vous avec sa remplaçante pour le lendemain matin, à l'arrivée de mon train. Je savais que les quelques jours qui me séparaient du prochain round médical nécessitaient un peu de soutien chimique, et une consultation s'imposait. D'ordinaire, j'aurais attendu le retour de mon médecin. Je n'aimais pas consulter les remplaçants. Mais à nouveau plus rien n'était ordinaire, et je sentais qu'il y avait urgence.

Après le verre, j'ai commencé à pleurer. Comme si une soupape de sécurité lâchait, les larmes coulaient. Pas de hoquet, pas de chagrin. Non, juste des larmes.

La vie Balagan [1]

Nous étions en avance sur l'heure du rendez-vous avec notre fils et sa femme. En sortant du

1. Argotique du yiddish et signifiant « chaos » ou « bordel ». S'applique à une situation ou un état confus ou emmêlé, comme les cheveux au réveil, ou la politique au Moyen-Orient…

métro, nous avons donc décidé de nous asseoir à une terrasse et, bien entendu, nous avons reparlé de la situation, calmement.

Nous étions en avance sur l'heure du rendez-vous avec notre fils et sa femme. J'étais incapable de parler d'autre chose que du prédiagnostic, et je n'évoquais que des hypothèses fatales. Il a bu un pastis. J'ai pris un panaché. Il faisait encore chaud. Il me tenait la main.

Nous étions en avance sur l'heure du rendez-vous avec notre fils et sa femme. Nous avons décidé de ne rien dire à nos enfants avant le résultat de la visite au Centre Léon-Bérard.

Nous étions en avance sur l'heure du rendez-vous avec notre fils et sa femme. Ils sont arrivés, j'ai tenu deux minutes avant de cracher le morceau.

Et puis nous avons récupéré Bandit, l'aîné de nos petits-fils, qui était avec sa nounou dans le parc. Il a grimpé sur les épaules de son grand-père. Les hommes marchaient devant, et derrière, je racontais ma journée à ma belle-fille. La soirée était plombée.

Il a fallu prévenir les trois autres couples par téléphone et essayer de ne pas dramatiser. Cela n'a pas fonctionné du tout. La tribu était inquiète. Très inquiète.

La nuit fut sans sommeil pour moi. L'occasion était trop belle pour que mon cerveau me laissât dormir.

Mon mari, solidaire, résistait à la fatigue, mais il finit par s'endormir. J'allai fumer dans la salle de bains de la chambre d'hôtel. Puis je tentai à nouveau de trouver le sommeil. Sans succès.

Tous nos enfants sont mariés ou vivent en couple. Ils ne seraient donc pas seuls face à la nouvelle et à ma maladie. Ils vivent loin de nous, mais nous nous voyons souvent. Nous formons une tribu qui se rassemble souvent dans un joyeux chaos. Parfois juste dans le chaos.

Juillet est un mois riche en anniversaires, chez nous. Il y en a trois, et c'est l'occasion de nous retrouver au début des vacances. Les anniversaires, dans notre grande famille, rythment avec les fêtes juives nos rassemblements. Nous ne sommes pas très observants, mais nous ne ratons aucune occasion de nous réunir et de manger ensemble.

Ce mois de juillet serait moins joyeux. Je culpabilisais déjà de leur infliger cette épreuve. Je pensais à ma mort, aux conséquences qu'elle aurait sur leurs vies. Et je pensais à ma mère, morte l'été de mes quinze ans.

Mes enfants étaient plus âgés – l'aînée avait trente-trois ans, et la dernière presque vingt-cinq –, ils étaient quatre, leur père n'était pas le mien ; ils se soutiendraient. Ils avaient tous une épouse, une compagne, un compagnon. Je les savais aimés. Nous avions déjà deux petits-fils, Bandit et son cousin Pirate. (Dois-je préciser qu'il s'agit de leurs surnoms ?)

Je me suis souvenue de Baby, ma mère.

Elle fumait des Gitanes filtres.
Elle changeait son vernis deux fois par semaine.
Elle mettait de la gelée solaire Elisabeth Arden sur sa peau dorée.
Elle buvait un Johnny Walker Black Label en rentrant le soir.

Quand il y avait des compétitions de ski, elle rentrait à temps du bureau pour voir la première manche des slaloms à la télévision et ne repartait travailler qu'après la fin de la retransmission.
Elle avait une peur panique du mulot qui était entré dans sa chambre par la terrasse et qui se cachait dans les rideaux.
Elle laissait les chiens monter sur son lit quand elle y lisait les journaux.
Parfois, elle fumait un cigarillo.
Elle conduisait vite un coupé Alfa Roméo rouge.
Elle voulait changer de vie, élever des chiens et cultiver de la lavande.
Chaque soir, elle rendait visite à son père malade.
Elle portait des vêtements très chics de Sonia Rykiel, mais adorait traîner en jean.
La dernière robe qu'elle a achetée venait de chez Chloé.
Au tennis, son revers lifté la faisait rire.
Elle trouvait Guillermo Villas beau comme un dieu.
J'ai appris qu'elle avait eu un amour argentin.
Elle avait la main leste.
Elle m'emmenait voir des films de Hitchcock et de Mel Brooks en version originale.
À Elseneur, nous avons marché comme les Marx Brothers en déclamant quelques lignes de Hamlet sur les murs d'enceinte du château de Kronborg.
Son coiffeur s'appelait Raphaël.
Elle faisait pipi entre deux portières de voiture dans les parkings parisiens, mais avec classe et distinction. Après, on riait et on courait.
Elle aimait tailler ses rosiers et se promener avec ses chiens.
Elle avait tenté le fume-cigarette.
Elle avait fumé des Chesterfield. Elle mâchait des Chicklets jaune en fumant ses Gitanes.
Elle détestait les gens en retard.

Elle avait peu d'amies.
Elle ne venait pas aux réunions parents-professeurs.
Dans sa boîte à gants, il y avait des bonbons Batna et des réglisses menthe.
Pour Kippour, elle restait couchée.
Elle n'aimait pas que je sèche les cours.
Elle lisait tellement qu'elle avait fait construire une mezzanine pour ses livres.
Elle écoutait Duke Ellington, chantait sur Frank Sinatra et frémissait sur Barry White.
Elle dansait le be-bop, le charleston et le rock comme cela se faisait dans les années cinquante. Elle idolâtrait Fred Astaire et The Rat Pack.
À ski nautique, son style était impeccable.
En 1975, elle a cessé de lisser ses cheveux et ressemblait à Angela Davis avec ses lunettes Emmanuelle Kahn qui lui mangeaient le visage.
Les mondanités l'ennuyaient.
Elle avait lu Bettelheim, Dolto, Freud et toute la Série noire.
Sa bibliothèque m'était ouverte sans restriction, et j'y avais découvert Soljenitsyne.
Elle n'aimait pas Jean d'Ormesson.
On regardait Bernard Pivot et les Dossiers de l'écran *d'Armand Jammot.*
Elle accompagnait son vieil oncle Alfred au cimetière.
Elle se brûlait les pieds sur la terrasse en ardoises, mais continuait à marcher pieds nus en été.
Elle adorait les visites de l'agent d'affaires italien.
Au printemps, on allait manger des asperges.
Elle avalait des Véganine pour ses migraines.
Elle faisait les meilleurs pique-niques de la terre et de sa banlieue.
On grillait des marshmallows dans la cheminée. Elle me mettait au régime. La dernière fois que je lui ai parlé, elle me disait que la jeune fille qui allait m'aider en

maths pour ma rentrée en première allait arriver. Elle est tombée devant moi, elle était morte. Je n'ai pas pris de cours de maths. J'ai appris le vide de l'absence, j'ai laissé couler mes larmes.
Elle fumait des Gitanes filtres.

C'était triste, mais j'ai souri. J'ai senti son parfum autour de moi. Je me suis dit que c'était une métastase au cerveau qui me donnait des hallucinations olfactives. Toujours positive et pas dramatique pour un sou.

Il y eut un autre matin. Je pris le train pour rentrer. La secrétaire du spécialiste cancer appela comme prévu. Par chance, le réseau téléphonique fonctionnait sur cette partie de la ligne SNCF.

Déjà nue

J'ai cinquante-trois ans selon l'état civil. Dans ma tête, c'est variable, mais la fourchette oscille entre douze ans pour les conneries et cent vingt pour la fatigue et l'expérience cumulées. Le curseur bouge selon les circonstances.

Mon rapport avec le corps médical peut être complexe, conflictuel ou confiant. Jamais aveuglé, jamais naïf.

J'ai déjà été malade, vraiment malade, pas juste grippée. J'ai connu la réanimation, la morphine (très bons souvenirs), la chirurgie abdominale et pelvienne, plusieurs fois (nettement moins bons souvenirs), les soignants formidables, les soignants brutaux, les soignants dépourvus de la psychologie la plus élémentaire, les infirmiers et infirmières du tonnerre, pleins d'humour, les bienveillants quand le moral s'effondrait. Les secrétaires médicales que l'on a envie d'assassiner tant leur absence de discrétion exaspère lors de l'interrogatoire au bureau d'accueil. Celles qui, au contraire, reconnaissent un *bonjour* au téléphone et qui disent *Oui, le Dr G. Malpartout va vous rappeler tout de suite/à telle heure* – et, en effet, il rappelle.

J'ai même mis mon pied dans la figure d'une interne en gynécologie qui avait la douceur d'un débardeur des halles en explorant mon vagin et tentait l'utérus par la face nord. Non pas que je sois souple, mais la position des pieds dans l'étrier était favorable au geste – oui, je suis opportuniste et réactive. Son patron, mon médecin et ami de la famille, est arrivé après l'incident ; il m'a dit que j'avais loupé le nez, il se marrait, je n'étais pas très fière, j'avais mal et un peu honte. Mon grand-père Léon disait *Un moment de honte est vite passé*. Il avait raison.

À mon passif aussi, je me suis levée après prémédication d'une table d'opération parce que l'anesthésiste avait une tête qui ne m'inspirait pas, j'ai signé une décharge, et je suis aussi sortie contre avis médical au moins trois fois des urgences pour consulter ailleurs, parfois en brancard avec ambulance, dont une fois après trois tonneaux, un mur et un arbre avec une Autobianchi qui, elle, est décédée. Pour mes enfants, j'étais pire encore. Mais on s'éloigne du sujet.

Plus tard encore, j'ai conduit quatre cent cinquante kilomètres en saignant comme un goret pour consulter mon gynécologue canal historique avant de passer six heures sur le billard, parce que le diagnostic du confrère lyonnais me semblait stupide. Quand j'ai été remise sur pied, je lui ai envoyé le diagnostic de cancer – pour son information et aussi pour remettre les pendules à l'heure. Je suis une teigne parfois.

Dernièrement j'ai consulté un ponte de médecine interne pour explorer une probable faille de mon patrimoine génétique ashkénaze. Le mandarin m'avait fait attendre sept mois pour le rendez-vous, j'avais patienté et investi dans cette consultation. Trop. Ledit mandarin s'est avéré présenter dès les premières secondes de la consultation les symptômes du connard majuscule – non pas que je doute de sa culture médicale; non, l'adjectif *majuscule* est qualificatif de son comportement de connard intégral. J'ai tenu douze minutes avant de lui dire le fond de ma pensée, fermement et poliment. Je suis retournée dans le service le lundi suivant. L'infirmière qui m'a prélevé dix-sept échantillons de sang était écroulée de rire, elle avait eu connaissance de la consultation. En douce, elle m'a envoyé mes résultats par mail. Pour la faille dans le patrimoine génétique, en revanche, la réponse devait mettre quelques mois à arriver. Mais avec cette saleté de suspicion de cancer en cours, ce n'est plus une priorité.

Me voilà donc de nouveau dans la situation de la patiente, à attendre – les rendez-vous, les résultats, les décisions thérapeutiques, les explications. Cette impuissance sur le cours des choses me tue. Je n'ai pas choisi ce cancer, je ne sais pas si je pourrais choisir mon médecin. Je ne sais rien. Je hais cette incertitude.

Mon généraliste me connaît avec mes travers nombreux: impatiente, grande gueule, désobéissante, curieuse, trop curieuse. Et là, je ne parle que des tares avouables.

Le sein pour les nuls

Parce qu'il faut parfois réviser la page anatomie, il est bon de rappeler que le sein est livré par paire, dans la majorité des cas. De tailles et de formes variables, les seins subissent tout au long de leur vie les dures lois de la pesanteur et la dictature des hormones.

Les hommes aussi ont des seins. Oui, cette nouvelle peut sidérer. Sachez aussi que les hommes sont sujets au cancer du sein : 1 % des cancers du sein pour les hommes, et 99 % pour les femmes. Sur ce coup-là, les filles, nous gagnons haut la main. Youpi ! C'est la Barbe [1] qui va être contente.

Le sein est un organe avant d'être un objet éventuel de plaisir sexuel. Il a une fonction biologique : produire du lait pour nourrir le petit de l'homme appelé nouveau-né, enfant ou bébé ou encore têtard ou gnome. Le sein se situe normalement sur le thorax de l'homme et de la femme, plus rarement dans son dos, bien que cela en arrangeraient certains. Il est recouvert par la peau, et on le reconnaît à son volume, à l'aréole et au mamelon, qui se situent en son extrémité. Petit ou grand selon les individus, le sein n'est pas toujours livré par paire symétrique. C'est couillon, mais c'est comme ça. Il contient une glande mammaire (elle-même composée de

1. La Barbe est une organisation féministe.

compartiments séparés par du tissu graisseux) et du tissu de soutien, qui contient des vaisseaux, des fibres et de la graisse. Chacun des compartiments de la glande mammaire est constitué de lobules et de canaux. Le rôle des lobules est de produire le lait en période d'allaitement. Les canaux transportent le lait vers le mamelon. La glande mammaire se développe et fonctionne sous l'influence des hormones sexuelles fabriquées par les ovaires et le gras. Ces hormones sont de deux types : œstrogène et progestérone[1]. Le sein est parcouru de vaisseaux sanguins et de vaisseaux lymphatiques. Les ganglions et les vaisseaux lymphatiques composent le système lymphatique, qui aide notamment à combattre les infections mais devient aussi le véhicule de dissémination du cancer quand la machine se grippe.

Pour les médecins radiologues, chirurgiens et anapathologiste, le sein est divisé en quadrants : supérieur, inférieur, interne et externe. Ce découpage assez simpliste permet de le cartographier pour se repérer, parce que le sein n'est pas livré avec un GPS. Le créateur de ce système de repérage aurait pu choisir un autre modèle, mais il s'ennuyait et regardait l'horloge murale de son bureau.

Esquimau, chocolats glacés, Xanax

Entre la visite chez la généraliste et l'heure du rendez-vous au service de radiologie spécialisé

1. On reparlera des hormones un peu plus tard, si vous le voulez bien.

du Centre Léon-Bérard, il y a cent six heures à vivre. J'ai compté.

Je suis ressortie de la consultation chez la généraliste avec une ordonnance d'anxiolytiques dosée pour un cheval, les poches pleines de mouchoirs en papier trempés, à un moment il faut laisser couler. Les médecins proposent les mouchoirs, mais jamais de poubelle.

La pharmacienne n'a rien dit en emballant les boîtes de médicaments. Je n'avais pas pris la peine de mettre des lunettes de soleil. Les yeux gonflés et rougis par les larmes, je devais avoir une tête terrible. Nous nous connaissions depuis de nombreuses années, j'ai aimé son silence.

J'ai la chance de vivre à la campagne. Le chemin vicinal que j'emprunte pour rentrer chez moi est vallonné et traverse des champs cultivés. Les blés n'avaient pas encore été moissonnés, les coquelicots étaient encore en fleur, les maïs étaient verts, les vaches et les chevaux étaient au pré. Tout était en ordre. Cette normalité du paysage était rassurante.

J'ai refermé le portail, ouvert les volets et les fenêtres de la maison pour laisser entrer le soleil. Je me suis assise un peu sur la terrasse et j'ai avalé le premier comprimé.

Mon cerveau était bloqué sur avance rapide. J'essayais de ralentir mais ne disposais pas de pédale de frein comme pour les cours de conduite accompagnée. J'avais détesté cette période où les enfants étaient jeunes conducteurs. Je passais mon temps à appuyer sur le tapis de sol de la voiture, cramponnée à la portière. J'avais fini par laisser leur père s'occuper de l'accompagnement.

Quel cancer du sein avais-je ? Tous les scénarios-catastrophes s'enchaînaient et se télescopaient. À quel stade en étais-je ? Je n'avais aucun symptôme, mais ne pouvais qu'imaginer le pire, les métastases avancées.

Avant même les diagnostics, je pensais à la double mastectomie. Si l'organe est malade, coupons ! Cela me semblait limpide. Diminuer les risques. La chirurgie suffirait-elle cette fois ? Je me doutais que la réponse serait négative.

Mon rapport avec mon corps est assez compliqué, je le maltraite souvent. Je fume, je suis trop grosse, je ne fais plus de sport depuis longtemps. J'avais épousé la théorie de Churchill sur le secret de sa longévité. Lors d'une interview, un journaliste lui avait demandé son secret. Sa réponse fut laconique : *No sport !* Mon corps n'est pas un temple. Il allait me le faire payer, j'en étais persuadée.

Exténuée par la matinée, je décidai d'aller me coucher avec un second comprimé. Cela me permettrait d'attendre le retour de mon mari et de mettre mon cerveau au repos. Je ne suis pas Wonderwoman ; la fuite par le sommeil était la seule solution à ma portée. Nous étions vendredi, il fallait tenir jusqu'au mercredi.

Mon mari est rentré. Le week-end a été rythmé par des phases de sommeil et des phases d'angoisse, nous avons beaucoup parlé. L'attente n'est pas la chose la plus facile dans le processus de diagnostic. Elle pourrait servir à se préparer, à engranger de l'énergie pour faire face. Non, l'attente mine, use, l'attente est du temps volé qui disparaît et ne reviendra jamais. Cent six heures d'attente.

Je ne fréquente pas les forums médicaux sur Internet, ni pour moi en bonne santé ni pour moi malade. J'ai assez d'amis médecins qui se plaignent de ces patients qui arrivent avec un diagnostic. Je ne suis pas non plus une autruche, je m'informe sur des sites institutionnels français et étrangers, je lis des études publiées par les chercheurs et les centres de lutte contre le cancer.

Je travaille sur le web presque exclusivement, j'ai une expertise en recherche d'informations et en veille documentaire. Avant cela, je faisais de la recherche en histoire, et ma spécialité était la localisation d'archives. J'étais un genre de scout, sans le foulard et le short, qui suivait les traces laissées par la paperasserie administrative. Je localisais les collections et, au final, cela permettait de reconstituer l'histoire de véritables personnes. Une histoire de chair, de sang et de larmes.

Naturellement, j'ai épluché le pédigree des médecins du Centre Léon-Bérard. Naturellement, je me suis informée sur le parcours de diagnostic. Naturellement, j'ai cherché les publications scientifiques de la chef de service de sénologie que j'allais rencontrer le mercredi. J'ai aussi utilisé ce temps d'attente pour informer quelques proches.

Il faut que je parle de mes amis et amies. Mes amis sur les réseaux sociaux, pour être précis. Les réseaux sociaux, pour moi, ce sont Twitter et Facebook. Sur ces réseaux, j'ai plusieurs identités, selon mes activités professionnelles et les communautés que je souhaite fréquenter. Je cloisonne. Mais j'ai une identité où je suis moi, avec mes centres d'intérêt aussi variés que nombreux, où je communique dans les langues qui sont les miennes – le français, ma langue culturelle, et l'anglais, ma langue maternelle.

Ayant fondé une famille dite nombreuse et étant issue d'une tribu où cousins et cousines, frères, sœurs étaient sur un pied d'égalité affectif, j'ai longtemps eu du mal à me lier durablement ou profondément avec d'autres individus. Si on ne choisit pas sa famille, on peut être exigeant dans le choix de ses amis. J'ai souvent été déçue, et la déception est le sentiment que j'ai le plus de mal à supporter. Je suis d'une nature généreuse, je donne sans attente, mais je coupe aussi les ponts quand la relation n'a plus de sens. Je me fiche des apparences. Je me moque de l'opinion de ceux et de celles qui ne me sont pas chers. J'en ai assez parlé jeune femme avec mon psychanalyste pour ne plus aborder ce sujet. Je suis un peu asociale, et j'ai choisi d'exercer mon activité il y a quelques années sur les réseaux sociaux, n'étant pas à une contradiction près.

Sur les réseaux sociaux, j'ai une communauté de connaissances, et de très rares amis. Amis que j'ai ou non rencontrés dans la vraie vie. Je ne cherche pas à être populaire ni aimée ; pour l'amour, j'ai ce qu'il faut chez moi. Je suis la même personne sur Twitter que dans la vraie vie, avec les mêmes excès de langage et la même impulsivité. Je transmets mes recettes de cuisine, mes récits d'archives, les témoignages que j'ai recueillis, mes coups de sang, mes coups de gueule, je commente l'actualité et échange avec mes amis sur leurs centres d'intérêt, leurs joies, leurs soucis. Je partage aussi mon attachement à la lutte contre les discriminations, et nous abordons dans nos échanges tout ce qui compose la richesse d'une relation.

J'ai donc informé en messages privés quelques amis et amies de ce qui m'arrivait.

Le lundi, j'ai acheté un cahier et des feutres neufs, comme pour une rentrée des classes, pour noter les diagnostics, pour noter mes questions, pour ne pas oublier. Le cocktail angoisses et anxiolytiques produisait des effets. J'étais entrée dans la phase d'organisation.

Nous avions prévu de nous rendre ensemble, mon mari et moi, à la consultation spécialisée pour le cancer du sein. Mon mari passe une bonne partie de sa vie professionnelle au contact des chirurgiens et du milieu hospitalier. Nous n'avions pas l'habitude, en trente-sept ans de vie commune, de consulter conjointement. Cela avait dû arriver deux ou trois fois par pure commodité, pour un vaccin chez notre généraliste, ou pour un suivi. Nous sortions à peine du mois de mai où il avait rapporté du Canada et dans ses poumons un passager clandestin : une légionellose dont il avait failli mourir. Là, je l'avais traîné chez le médecin, puis aux urgences. Il récupérait de cet épisode qui nous avait secoués, et j'enchaînais. La loi des séries. *Fuck.*

J'avais besoin qu'il écoute avec moi, qu'il entende ce que la radiologue dirait, pour qu'une fois sortie je n'aie pas à répéter, au risque de déformer ou d'interpréter de travers. Je savais qu'il tempérerait mes excès. Je savais que nous entrions ensemble dans une forte zone de turbulences. Je n'avais aucune idée du tsunami qui allait suivre.

Le mercredi 10 juillet, nous découvrions Cancerland[1], le Centre Léon-Bérard.

Les petits papiers

J'avais une carte Vitale, une attestation de droits à jour, une complémentaire maladie ; je me croyais parée pour faire face à la paperasserie administrative de l'arrêt maladie.

C'était la deuxième ou troisième fois, en plus de trente-cinq ans d'activité professionnelle, que je demandais une prise en charge. Pour le premier cancer, je ne travaillais pas. À cette époque, je n'avais rien coûté à la société, hormis les dépenses de soins.

Dès la consultation du vendredi chez la généraliste, j'avais demandé un arrêt de travail. Je ne pouvais envisager de reprendre mon activité pendant les diagnostics. J'avais envoyé le jour même le feuillet à la CPAM. J'avais aussi contacté la plateforme téléphonique en anticipant la réception d'un courrier me demandant de justifier de mes revenus. Impossible de me répondre tant que le courrier n'était pas arrivé et traité. J'ai donc consulté le site Ameli, pour récupérer la liste de documents à copier et constituer un dossier afin d'être parée. Je n'avais pas grand-chose d'autre à faire. Je hais

1. La journaliste et écrivain américaine Barbara Ehrenreich a publié en 2001 un article dans *Harper's Magazine*, intitulé « Welcome to Cancerland ».

l'administration et ses lenteurs, mais pas au point de développer une phobie.

Le centre de la CPAM le plus proche de mon domicile est à trente kilomètres. J'ai donc décidé de m'y rendre au bout de quelques jours, et ce dès l'ouverture. Mon dossier était complet : fiches de salaire des six premiers mois de l'année, copie de notre avis d'imposition, justificatif de domicile et relevé d'identité bancaire. J'ai pris un ticket numéroté au distributeur, puis j'ai tenté la mise à jour de la carte Vitale. Impossible : assurée inexistante. Cela commençait bien.

Après l'attente, l'accueil. Enfin presque. La préposée qui avait appelé mon numéro venait d'ouvrir son guichet et papotait avec une collègue tout en tapant sur son clavier. Ni *bonjour* ni *asseyez-vous*. Je décide donc de lancer un *Bonjour, Mesdames* fort urbain, accompagné d'un *Surtout, n'interrompez pas cette discussion passionnante pour traiter mon dossier ; je vais m'asseoir, mais avant je vais fermer la porte, histoire que la salle d'attente ne profite pas des informations assez personnelles que vous allez finir par me demander*. Flottement, la collègue finit par partir s'installer à son bureau.

Je me présente, tends ma carte Vitale et la liasse de documents préparés. Elle interroge son logiciel, et j'apprends que, malgré un déménagement signalé trois ans plus tôt, je suis toujours inscrite à la caisse du département de mon précédent domicile. Selon elle, je suis affiliée au régime des indépendants – que j'ai quitté depuis sept ans pour être salariée. Je lui explique que j'ai été sans emploi l'année précédente et que, ne souhaitant pas m'inscrire à Pôle emploi, j'ai demandé le rattachement à mon époux avant de reprendre une activité salariée sept mois plus tôt. Je pensais qu'au vu des justificatifs et des déclarations de mes employeurs ces sept dernières années, tout allait se résoudre.

J'avais tort.

Elle promet de mettre en œuvre les rouages de son administration pour régulariser le dossier, elle prend les copies de tous les documents, récupère ma carte Vitale, et m'explique que je recevrai un formulaire de renouvellement par la poste, ce service étant centralisé pour tout le territoire national afin de lutter contre les fraudes. En attendant, elle me réinscrit comme ayant droit de mon époux. Je ne comprends pas la manœuvre. Elle m'imprime une attestation de droits.

Rencontre du troisième type, ou presque

En théorie, tout est prévu pour que le diagnostic et l'annonce d'un cancer se passent de manière à ne pas laisser le/la malade seul(e) et désemparé(e). Mais nous ne vivons pas dans ce pays merveilleux de la théorie.

Nous étions arrivés à l'heure dans le service des maladies du sein du Centre Léon-Bérard[1]. L'unité de sénologie bénéficie d'une entrée séparée du reste des bâtiments et communique aussi avec le hall principal. Cette annexe a été conçue comme si, ici, on avait pensé que les femmes venant consulter avaient besoin de sortir plus vite, ou de ne pas croiser les cancéreux déjà malades à leur arrivée.

1. Autrement appelé CLB.

C'est raté, parce que c'est mal signalisé, et que les cancéreux, à Bérard, il n'y a que ça. Partout. Des perfusés qui fument sur le parvis ou sous l'auvent à l'ombre, des hospitalisés qui ont les fesses plus ou moins à l'air, des petits enfants, très petits parfois, des vieux, des jeunes, des femmes, des hommes, des défigurés, des souriants, des inquiets. Bref, c'est Cancerland.

Il y a aussi les familles, les soignants, les administratifs sans blouse, mais avec un badge, les équipes de support, les brancardiers, un pompier, les prestataires extérieurs que l'on reconnaît à leurs uniformes colorés qui tranchent avec le blanc hospitalier. Le ballet des taxis, VSL et ambulances qui chargent et déchargent tout ce petit monde. Tout cela est bruyant. Très bruyant.

Une fois les formalités administratives remplies dans le service, nous nous installons dans le couloir pour attendre notre tour. Une bonne heure d'attente. D'autres couples sont là, plus ou moins tendus. Plus ou moins âgés, mais la tendance est à la cinquantaine bien tassée. Ce service, selon les informations du site du CLB, fait *intervenir un binôme chirurgien-radiologue, et travaille également sur l'ensemble des enjeux du diagnostic rapide avec, notamment, une meilleure réactivité à la demande et une anticipation de la prise en charge pour réduire les délais au maximum.*

On finit par m'appeler. J'ai apporté les clichés des examens parisiens. La radiologue qui me reçoit est la responsable du service. Elle regarde les clichés et m'explique qu'il faut tout refaire, que les images sont de mauvaise qualité.

Je ne proteste pas. Toutes ces années, j'ai soigneusement évité l'excès d'exposition aux rayons X. J'ai fait une mammographie un peu avant mes cinquante ans. Un jour où mon généraliste et moi évoquions le cancer précédent, nous nous étions dit que ce serait bien d'avoir un cliché référent. Ni lui ni moi n'étions adeptes des excès du dépistage organisé ; je me palpais les seins régulièrement, il s'occupait de palper les creux de mes aisselles et les zones de ganglions. N'ayant plus d'utérus et mon gynécologue ayant pris sa retraite, j'avais cessé de consulter ce genre de spécialiste. Je ne sentais rien d'anormal à la palpation, mais cette année j'avais observé l'apparition de petites choses sous la peau, vers les clavicules et sur la paroi du thorax, sous les seins. J'avais donc décidé de faire une mammographie, bien que cela ressemblât à des lipomes, de la graisse. Mon généraliste avait rédigé une prescription.

Je prends la direction de la salle des mammographies pour une nouvelle séance d'écrasement des seins de face et de profil. Mes seins se prêtent bien à la manœuvre, ce qui constitue le seul avantage de l'hypertrophie mammaire que je subis depuis la puberté. La manipulatrice est soigneuse. Elle positionne chaque sein dans la boîte, taille grand modèle – ça déborde un peu, elle écrase, repositionne, et les clichés s'enchaînent six fois.

Retour dans la salle d'examen qui est dans la pénombre et, après lecture des images de mes seins au négatoscope, c'est le moment de l'échographie. La radiologue me montre les zones suspectes sur chaque cliché. Une interne est à la manœuvre de l'échographe, mais le sein dense et gras de la quinquagénaire ne se laisse pas faire facilement. La senior reprend la main avec la sonde. Badigeonnée de gel, je regarde l'écran. La radiologue annonce qu'elle va effectuer des biopsies. Petite anesthésie locale, puis elle se saisit d'un outil ressemblant à un pistolet à colle – si ce n'était que le bâton de colle est une aiguille d'un joli diamètre et d'une très belle longueur. Je ne crains pas ce genre d'examen. Elle m'explique que, chaque fois qu'elle prélèvera, j'entendrai un clic à cause du ressort du bidule.

Quatre clics et quatre prélèvements. Elle attaque le second sein. Encore une anesthésie, encore quatre biopsies. On emballe la marchandise, je remets mon soutien-gorge après que la manipulatrice radio m'a posé des pansements sur les petits trous et prodigué quelques conseils d'entretien pour les quarante-huit heures à venir – antalgiques et changement de pansements, pas de baignade ni de bain. Roulez jeunesse.

Pendant l'examen, j'ai posé les questions que j'avais préparées, la radiologue m'a répondu que oui, cela ressemble très certainement à un cancer du sein, et qu'il faudra attendre les résultats de la cytopathologie pour savoir à quel type de cancer on a affaire. Qu'il y en a partout, de tailles et de formes variables, que sous le bras droit, il y a un truc pas net que l'on doit explorer. Que la suite se décidera avec le chirurgien d'ici une dizaine de jours, lorsque l'on aura les résultats des analyses et qu'ils se seront vus en réunion de concertation. En attendant, il faut prendre un rendez-vous pour une IRM des seins et un bilan d'extension. *Au revoir, Madame.*

Retour à l'accueil. Je récupère un carton orange avec la date et l'heure de mes prochains examens, et une étiquette portant mon identité et mon numéro de dossier. M'a-t-on demandé si les horaires convenaient ? Non, bien entendu. Les plannings de diagnostic, c'est un peu comme les magasins soviétiques avant la perestroïka : on fait la queue, on ne sait pas pourquoi, mais on fait la queue, et une fois au comptoir, quand finalement c'est le moment de choisir, on prend ce qu'il y a en rayon.

Mon mari n'a pas été autorisé à assister à l'examen ; il attend en rongeant son frein. Nous sortons, j'allume une cigarette, lui raconte l'examen, et lorsque je boucle la ceinture de sécurité, je remarque que les anesthésies locales ont cessé de faire effet.

Si je résume les informations : c'est bien un cancer du sein, mais on ne sait pas encore de quel type, on sait que les deux seins sont touchés, on ne sait pas encore si les ganglions sont atteints, on ne sait pas encore si le cancer s'est propagé hors des seins. On ne sait pas grand-chose de plus que jeudi dernier. Ce que nous savons, c'est que, côté diagnostic, on n'en a pas terminé, et que j'ai rendez-vous avec le chirurgien dans douze jours.

Douze jours, c'est un peu long pour un *diagnostic rapide, avec notamment une meilleure réactivité à la demande et une anticipation de la prise en charge pour réduire les délais au maximum...*

Je ne me sens pas prise en charge. Ma préoccupation principale, ce qui devient évident, c'est que la phase d'abattement s'estompe. Je commence à avoir comme une envie de mordre qui monte. Je ne sais pas encore où mordre.

Deux jours plus tard, je rédige le premier billet du journal de mon cancer et le publie sur mon blog de cuisine, ne sachant où le poser à ce moment. La rubrique annonce la couleur : j'ai décidé de ne pas donner dans la dentelle de soutien-gorge ou dans le ruban rose. Fuckmycancer est né en juillet, le mois des anniversaires. Plus tard, je l'ai sorti de la cuisine ; il fallait cesser de tout mélanger.

La banalité du mal

Le cancer du sein – et le cancer tout court – est un système chaotique et organisé. Là, je pourrais aisément marquer un point Godwin [1], mais je le garde pour le moment.

Donc, le cancer du sein, ou les cancers des seins, touche une femme sur huit en France, nous martèle-t-on à chaque campagne de dépistage organisée, campagnes orchestrées par des institutions publiques et des opérateurs privés. Cela représente ainsi un risque de 12,5 % pour chaque femme. L'Organisation mondiale de la santé, dans le projet Globocan, annonce les chiffres suivants pour l'année 2012 et pour la France : 54 245 nouveaux cas de cancer du sein, 11 933 décès la même année [2]. Soit 230 385 femmes malades à des degrés divers sur les cinq dernières années. Les statistiques de survie à cinq ans communément admises sont de

---

1. Mike Godwin a énoncé en 1990 la loi qui porte son nom : « Plus une discussion en ligne dure longtemps, plus la probabilité d'y trouver une comparaison impliquant les nazis ou Hitler s'approche de 1. » Par extension, le *point Godwin* désigne une récompense que l'on attribue à une personne qui en est venue à faire référence à Hitler ou au nazisme comme argument dans une discussion portant sur un tout autre sujet.

2. http://globocan.iarc.fr/Pages/fact_sheets_population.aspx

86 %. Donc cela fait 14 % de femmes qui meurent des suites d'un cancer du sein.

Je tourne ces chiffres dans tous les sens, essaie de trouver où je vais m'inscrire, quelle sera ma colonne à un an, à cinq ans. Vivante ou morte ? Il est encore trop tôt pour des projections. Je ne sais pas quelle est l'étendue du mal. Parce que, dans le langage courant, le cancer, c'est le mal. On meurt d'une longue et cruelle maladie, pas d'un cancer. Le mot cancer est tabou, et je commence à sentir dans mon environnement social que le cancer fait peur. Comme si cela s'attrapait. Pour le moment, je n'ai pas encore trop ébruité la nouvelle, mais je n'ai pas pu me taire non plus. C'est bien mon problème, cette propension à l'ouvrir constamment.

Je vais donc mettre à profit tout ce temps d'attente pour m'informer, pour ne pas être prise au dépourvu lorsque le temps des décisions thérapeutiques arrivera. Je lis, je questionne, je note et j'écris. Je n'oublie pas non plus que les enfants arrivent à tour de rôle en cette période estivale, qu'il faut préparer la maison pour les petits-enfants, que les déjeuners et les dîners sont autant de moments où je tente, parfois de manière pitoyable, de m'extraire de cette nouvelle réalité.

Je suis malade, c'est banal, je risque d'en mourir, c'est banal aussi, et cela ne m'enchante pas du tout, cette mortalité potentiellement prochaine.

Si vis bellum, para pacem

J'entretiens un rapport à la mort assez étroit. Dans ma famille, les femmes ont une nette propension à mourir à l'âge de quarante-quatre ans. Je n'ai pas connu mes grands-mères, et lorsque j'ai enfin passé ce cap fatidique après l'alerte cancer à trente-deux ans et quelques passages chez un analyste, je me suis détendue. Je me suis dit que je ferais une vieille dame indigne acceptable, une grand-mère foldingue, mais une grand-mère. Je suis devenue grand-mère *in extremis* à encore cinquante ans. J'étais mère depuis trente-trois ans. Je suis en extase devant mes deux petits-fils nés à quelques semaines d'intervalle.

Ce n'est pas *tendance*, dans notre société adepte du jeunisme à tout crin, d'aimer vieillir. J'accepte avec bonheur de changer de place dans l'arbre des générations. J'ai été *upgradé* au niveau grand-mère au jeu de la vie. Je n'ai pas eu de mal à retrouver les gestes, les comptines, les chansons. Je n'ai pas cherché à trouver un surnom qui ne me vieillirait pas – je suis une grand-mère, alors faisons simple : ils m'appellent Mamy ou Mamy rouge, selon les jours. J'assume mes cheveux blancs et mes rides qui, malgré le collagène naturel dont ma nature généreuse m'a dotée, marquent mon visage. J'aime vieillir. Mais l'idée et la réalité de cette mortalité un peu trop précoce qui pointe son nez, ça m'énerve beaucoup. Je ne dis pas que c'est injuste. C'est la vie, la mort. Il n'y a que les cellules cancéreuses qui sont immortelles, si on les laisse se reproduire.

Les jours passent, et je transforme cette colère, d'abord angoissante et paralysante, en énergie. Je ne sais pas encore à quel combat je dois me préparer. Ce que je sais, c'est que je vais entrer en résistance. Je ne compte pas me laisser porter par les événements, je vais exercer mon droit de choisir quelle thérapeutique j'accepterai, quel rapport bénéfice/risque sera supportable, à quel moment cesser d'y croire, ne pas s'acharner ; je veux mourir comme Léon, mon grand-père, qui s'est endormi dans son lit pour ne pas se réveiller. Mais ne rêvons pas trop.

Je ne veux pas mourir diminuée, être un fardeau, je ne veux pas finir avec des tuyaux partout. Je veux choisir le jour de ma mort si tout est perdu, comme Marcel, mon beau-père adoré. Nous avions conclu un pacte moral, et je l'ai honoré en mettant fin à ses souffrances, puisque aucun de ses médecins n'avait accepté de le faire. Je vis avec cet acte depuis vingt-deux ans, et pas un jour ne passe sans que j'y pense. Injecter un produit létal à une personne chérie, à sa demande, est un crime dans ce pays. Je l'ai commis. Je n'en suis pas fière, mais je l'assume. Je ne souhaite pas mettre mes enfants dans cette position, et j'ai donc choisi la solution que mon passeport suisse m'offre : j'irai mourir ailleurs, si ce jour doit arriver, si je perds mon combat. Je partirai à mes conditions, à mon heure, dignement. J'ai donc inversé la célèbre locution latine, et ma version est : *Si vis bellum, para pacem.* « Si tu veux la guerre, prépare la paix. » Ma paix.

De tout cela, j'en parle avec mon compagnon. Nous sommes d'accord. Il faut savoir écouter les médecins, tenter les thérapies proposées et mesurer le résultat avant de choisir ou non l'abandon, la fuite. Il est d'un naturel optimiste, je vois du noir partout, nous entrons dans une zone grise d'incertitude.

J'aborde la suite de mon programme de diagnostic en craignant le pire, en calculant le temps qu'il resterait si le bilan s'avérait négatif, si le cancer avait déjà gagné la partie. Que faire de ce temps ? Comment profiter de chaque jour ? Toutes ces questions m'empêchent de dormir malgré les somnifères. Je mets à profit ces longues, très longues journées, pour écrire et pour faire la cuisine. Parce que la cuisine, c'est ma thérapie. Je fabrique du bonheur que je donne aux autres. Des kilos de brioches, des pots de confitures, des conserves de légumes et de fruits, des pâtisseries, des viennoiseries que je distribue. Lorsque les enfants et les copains viennent, ils repartent avec des victuailles. C'est mon côté mère nourricière, mon côté mère juive. *Tu m'aimes-tu manges.*

Illuminations

Sept jours ont passé depuis la dernière visite à Cancerland. Cette fois, j'ai rendez-vous au sous-sol, au service de scanner-IRM, pour une séance de cartographie autour de mes seins. L'imagerie, le chirurgien en a besoin pour préparer son plan d'action. Le scanner et la scintigraphie osseuse sont programmés après la consultation de chirurgie. Quelque chose m'échappe dans cette chronologie. Sans le bilan d'extension complet – les résultats des biopsies, le scanner, la scintigraphie osseuse et l'examen d'imagerie par résonance magnétique –, comment les médecins peuvent-ils se réunir et se concerter sur les options thérapeutiques ?

Au terme de ces examens, ils disposeront d'images de mon corps découpé en tranches fines par les rayons X, les ondes radio et les champs magnétiques des différents appareils de diagnostic. Les tumeurs et tissus malades illuminés par les produits de contraste seront bien visibles sur leurs écrans pour une analyse fine et une projection de la stratégie chirurgicale à adopter. Sun Tzu a écrit dans *L'Art de la guerre* qu'« il n'y a pas de forteresses imprenables, il n'y a que des mauvais attaquants » – j'espère juste qu'ils ne vont pas tout ravager sur leur passage.

Une mini-pyramide de verre trône sur le parvis et signale l'entrée du service et l'escalier vers le sous-sol. S'il existe un ascenseur, pour les personnes présentant un handicap, il est bien caché et n'est pas signalisé. L'architecte s'est inspiré du Louvre, mais a vu plus petit, sans la magie de Pei, et de l'environnement patrimonial.

L'IRM, je connais. J'ai eu le déplaisir d'en tâter deux fois pour des hernies discales cervicales – le bruit de la machine, l'examen qui dure, la position forcement inconfortable et la sensation de claustrophobie… J'espère cette fois échapper au masque directement inspiré du *Silence des agneaux*, qui maintient la tête droite et augmente significativement la sensation d'enfermement, laissant la patiente, une fois l'examen terminé, dans l'état de Hannibal Lecter prêt à manger le premier être humain qui se présente – en l'occurrence la manipulatrice radio.

Le personnel d'accueil de radiologie du CLB tourne d'une unité à l'autre. Je retrouve la secrétaire de la première consultation. Bonne élève, je lui tends le carton orange qu'elle m'a délivré la semaine précédente. Elle me demande ma date de naissance pour vérifier que je suis bien moi. Je ne dis rien, mais je pense *Ben non, j'ai envoyé ma cousine avec mon carton pour passer l'examen à ma place!...*

Après c'est l'attente dans un local dont les chaises ont connu des jours meilleurs. Je partage la compagnie de patients à différents stades de leurs traitements, équipés ou non d'un kit d'injection de produit de contraste et d'une perfusion, s'ils sont hospitalisés ou en chimio. Je suis appelée par une manipulatrice pour la pose du kit – j'ai apporté le produit de contraste et les résultats d'analyses attestant que mes reins sont aptes à l'éliminer –, mes veines ne lui plaisent pas, je n'ai rien d'autre à lui offrir. L'infirmière du laboratoire d'analyses a utilisé la bonne veine la veille pour faire une prise de sang. La manipulatrice finit par trouver son bonheur, pique, installe un cathéter et colle de l'adhésif, puis me demande d'attendre encore.

Le local est petit, il y a au fond des toilettes sans porte de séparation, un lavabo, un fauteuil, un tabouret. Finalement, elle vient me chercher, et je me déshabille. Pas de blouse d'hôpital, les seins à l'air et en culotte. Elle m'accompagne dans la salle d'IRM. Je suis installée sur un chariot mobile, à plat ventre, mes seins reposent et remplissent un truc préformé. J'ai les bras en extension au-dessus de la tête. La position est très inconfortable. Il fait froid, je demande un drap.

Je ne vois aucun radiologue, ni dans la salle ni derrière la vitre teintée qui sépare la salle d'examen des écrans d'interprétation et de l'ordinateur de pilotage de la machine. On m'a demandé si j'ai des allergies – oui, mais pas au produit de contraste. La manipulatrice ne dit rien et part s'installer derrière la vitre.

La machine se met en mouvement, accompagnée de sons électroniques de basses fréquences. Le R d'IRM, c'est pour « résonance », un cauchemar sonore qui aggrave la torture de la posture. Un Guantanamo en cancéro. Je ne dors plus sur le ventre depuis longtemps. Le poids de mon corps écrasant mes poumons n'est pas supportable. Tout en respirant par le ventre pour essayer de me relaxer, je commence à suffoquer, et mes cervicales n'apprécient pas plus la position. L'examen dure une bonne demi-heure, le temps que les techniciens règlent leur truc pour la mire et trouvent la bonne chaîne télé. Le temps de découper en tranches virtuelles mon anatomie. J'ai mal au sternum, mes lombaires sont douloureuses. La manipulatrice dit enfin dans le haut-parleur *J'injecte le produit, et encore huit minutes.* Je guette le signe d'une hypothétique allergie, mais tout va bien, rien ne picote, ne brûle ou ne gonfle. Je respire avec difficulté, mais ce n'est pas pire qu'avant. Le chariot revient lentement à sa position initiale. L'examen est terminé.

En me relevant, les seins toujours pendants, à quatre pattes sur le chariot, je me sens parfaitement ridicule et humiliée. Je lève la tête, attendant la manipulatrice. Mais ils sont deux à me regarder : deux hommes, internes ou manipulateurs radio – je ne le saurai pas. Je leur demande s'ils peuvent cesser de me mater et se sortir les doigts du… pour m'avancer l'escabeau, afin que je puisse descendre. Je ne souffre pas d'un syndrome de Gilles de La Tourette, mais j'ai trouvé une citation qui me convient d'un auteur inconnu : « Les personnes qui utilisent beaucoup de gros mots ont tendance à être plus honnête et digne de confiance. » Ils s'exécutent puis, penauds, disparaissent.

D'une main, je retiens mes seins – geste inutile puisque cela déborde largement, mais qui constitue une ultime tentative de sauvegarde de mon intimité et de ma pudeur – et, de l'autre, je tiens le bord du chariot pour ne pas me vautrer à la descente.

Une fois rhabillée, je demande à rencontrer le/la radiologue. Je ne vais pas repartir sans un compte rendu, même partiel, de ce que l'on a trouvé dans mes seins. J'attends donc dans le local équipé de toilettes, et la radiologue finit par se présenter. Une jeune et jolie jeune femme, qui est diplômée depuis un an. (Je lui ai demandé – j'aime bien savoir à qui je parle et d'où l'on me parle.) Je réclame, poliment mais fermement, qu'elle me communique le résultat de l'examen. Elle est réticente à me le donner.

Mon mari m'a rejoint. Dans cette salle particulièrement adaptée à l'annonce d'un diagnostic, toujours avec vue sur la cuvette des toilettes, elle confirme les structures anormales de tissus dans les deux seins et l'éventualité d'une infiltration dans le creux axillaire droit. En langage commun, le creux axillaire, c'est l'aisselle. Elle est embêtée. Elle parle de carcinome lobulaire infiltrant, mais ajoute bien qu'il faudra attendre le résultat des analyses des prélèvements. *D'ailleurs, j'aimerais vous revoir demain pour en refaire.* Flottement dans les toilettes. J'accepte la perspective d'une nouvelle série de trous et de clics. Elle me dit *Non, là ce sera avec une seringue simple, une cytoponction.* Le compte rendu de l'examen sera validé le lendemain, et je pourrai avoir le CD des images. Infiltrant, en langage commun, cela signifie métastasique, mais on préfère dire invasif ou infiltrant – ça fait moins peur sur le moment.

Si je résume : c'est un cancer métastasique, et il reste à trouver – ou prouver – que, dans mon aisselle, ce sont bien des métastases – pardon, une infiltration.

Les radiologues n'aiment pas annoncer les mauvaises nouvelles. Le lendemain, un vendredi, de retour dans le service de sénologie, on recommence l'échographie. Elle ponctionne sous anesthésie. Encore des pansements. Encore un week-end sans baignade, un mois de juillet à sec. J'adore nager.

Les commères

Cette semaine-là, j'ai décidé de donner vie à mes tumeurs et de leur laisser la parole sur mon blog. Un procédé qui me permettait de dédramatiser, pensais-je, le parcours de soins. *Carlo* – c'est le petit nom que je lui ai donné –, mon carcinome, trouve très vite son public. L'humour pour désangoisser, ça fonctionne bien. Les lecteurs en redemandent.

Je m'interroge sur le déballage et le partage. La famille et les copains de Twitter ne sont pas dupes, ils savent que je ne suis pas déconnectée de la réalité, et que ce que j'écris me permet juste de tenir le temps de digérer les nouvelles qui tombent. Un moyen d'éviter d'être noyée par le chaos provoqué par le cancer. Une cousine et une amie de mes enfants croient même qu'il s'agit d'une fiction.

Comme une horloge déréglée, je me réveille vers trois ou quatre heures du matin, et j'écris. Après la publication, je bavarde avec les lève-tôt.

Très vite, je reçois l'appel de la sœur jumelle de mon amie morte d'un cancer du sein. Elle me raconte qu'une connaissance commune lui a parlé de moi, à la plage. C'est bien, je suis devenue une discussion de plage. Alors, j'ai pensé à *Yente Telebende*…

Yente, en yiddish ou yinglish, est le nom que l'on donne aux commères. Les Vamps version ashkénaze. La plus connue des Yente est celle d'*Un violon sur le toit*, la comédie musicale, mais la plus forte en ragots, en fait, est Yente Telebende.

Yente Telebende pourrait aujourd'hui être n'importe quel journaliste spécialisé en indiscrétions et rumeurs, mais aussi quiconque dont la vie a si peu d'intérêt que se mêler de celle des autres lui procure de quoi remplir le vide de sa propre existence.

J'ai fait le choix de partager l'expérience de mon cancer et de publier mes mésaventures sur un ton humoristique. J'ai préféré décrire avec dérision certaines des situations que je traverserais pendant toutes les étapes menant du diagnostic au traitement. J'ai imaginé présenter mes tumeurs comme des entités, des personnages, adaptant ainsi le statut que les soignants leur donnent, chacune ayant sa propre identité et devant être traitée spécifiquement. En publiant sur mon blog, je savais que je m'exposais, même si son format préservait un peu mon anonymat. En tout cas au début.

Et puis vinrent les commères, les Yente Telebende qui gâchent un peu la partie à se répandre en douce, à chuchoter parce qu'elles savent qui je suis, qui sont mes amis, qui sont mes enfants. Les Yente sont souvent de ma génération. Elles m'ont connue dans une autre vie, ou elles m'ont côtoyée dans mes activités bénévoles ou professionnelles. Les Yente ne font pas semblant d'avoir de l'empathie ; la seule chose qui les motive, c'est d'exister par la diffusion d'histoires où elles n'ont aucune place. La Yente *kvetche*[1]. La Yente ne prend pas de vos nouvelles, elle n'en a pas le temps ni le courage. Non, elle diffuse juste ce qu'elle comprend, le déforme si elle le juge utile à son propos. Elle existe par vos malheurs, rarement par vos bonheurs. Les Yente sont indifféremment sexuées. Hommes ou femmes, les Yente participent au réchauffement climatique, à la destruction des forêts. Je propose qu'on interdise les Yente.

Mais en attendant, je m'adresse à cette Yente-là.

Oui, si tu penses que je parle de toi, c'est que tu as tes raisons. Si je te croise, ne t'inquiète pas : je te dirai ce que j'ai à te dire. Et si ce cancer te permet d'exister, je peux t'aider à en choper un rien qu'à toi. Un bien vilain si je peux choisir, parce qu'il faut bien l'admettre : je ne suis pas qu'amour et compassion, et que, chez nous, on ne tend pas l'autre joue.

La ligne verte

Le rendez-vous avec le chirurgien est programmé pour quinze heures. Cet horaire nous a permis de déjeuner avant de partir. Nous sommes devenus très bons sur le temps de route porte

1. *Kvetch* : « pincer » et, par analogie, « dénigrer ».

à porte ; après, il y a les variables – trouver une place de stationnement, à l'ombre de préférence, et la partie attente-passage à l'accueil pour les étiquettes, qui constitue une donnée hors de notre contrôle.

Malgré l'attente, qui semble être une règle non écrite de l'organisation des consultations du CLB, nous sommes toujours ponctuels. Niveau stress, nous évoluons dans une zone assez élevée, puisque l'enjeu de cette visite, croyons-nous, est la décision de la RCP sur le programme thérapeutique. Les réunions de concertation pluridisciplinaire (RCP) regroupent des professionnels de santé de différentes disciplines, dont les compétences respectives sont indispensables pour prendre une décision accordant aux patients la meilleure prise en charge en fonction de l'état de la science.

Une belle journée de juillet. C'est la veille de l'anniversaire de l'une de nos deux filles, qui va fêter ses trente-trois ans. Je me revois trente-trois ans plus tôt, le terme dépassé de douze jours, n'en pouvant plus, m'agitant dans la maison de mon enfance, que nous occupions entre deux déménagements, ouvrant et vidant les cartons, et installant nos affaires pour tenter de déclencher les contractions. Je me revois assise, sur un tabouret, sous la douche, essayant vainement de me rafraîchir. Je me revois aussi quelques heures plus tard partir à la maternité. J'avais vingt ans.

Je me présente au bureau d'accueil et annonce le motif de ma visite.

Bonjour, quel est votre numéro de patient ? Je réponds que dans notre famille, depuis 1942, on préfère se présenter par notre prénom et notre nom. Je m'expose à un moment de flottement, au pire à la répétition de l'absurdité initialement proférée par l'employée, mais là, celle-ci enchaîne par une autre formule plus conforme aux formations d'accueil qu'elle a reçues – *Puis-je avoir votre nom et votre prénom ?* –, fort urbaine.

Il s'ensuit l'impression des étiquettes et l'orientation vers le même couloir d'attente que lors de la première consultation de sénologie. De nouveau, des couples avec des têtes de condamnés à mort. Nous parlons à voix basse, parce que notre manière de *gérer* le stress, c'est de blaguer sur tout et n'importe quoi.

Les enfants commencent à envoyer des textos d'encouragement comme avant un match, l'amour en plus. Sur Twitter, mes copains chantent *Good Vibrations* des Beach Boys, en cent quarante caractères et en capitales, ce qui équivaut à crier. Je sais que rien de tout cela n'aura d'effet, mais c'est réconfortant.

Un couple ressort de la zone de consultation accompagné par mon chirurgien. J'ai *googlé* son nom, et son visage ne m'est pas inconnu. J'ai mené ma petite enquête et connais son parcours. Il fait partie des quatre chirurgiens spécialisés du Centre Léon-Bérard qui ont opéré 852 cancers du sein dans l'année. Nous nous faisons la réflexion qu'il est bien jeune, et puis mon mari, dans sa sagesse habituelle, ajoute que non, il a l'âge et l'expérience normale – c'est nous qui avons vieilli. Bam.

La dame s'assied, elle a l'air sonnée, comme après avoir reçu un coup de batte de baseball ou un uppercut. Le mari revient quelques minutes plus tard avec deux jeunes adultes en pleurs, leurs enfants.

Quelqu'un les prend en charge et les emmène. Le chirurgien m'appelle, nous nous levons. En souriant, je serre la main de l'homme aux couteaux.

Dans un bureau assez clair, nous nous installons, et il se présente. Je commence par le laisser parler, il me demande mon historique médical. Et en avant pour le long déroulé de mes mésaventures diverses. Il dicte avec Dragon – le logiciel qui t'évite de taper. Visiblement, il a bien apprivoisé la reconnaissance vocale, et le logiciel a assimilé son vocabulaire. De temps en temps, il me pose une question complémentaire. Je commence à m'impatienter ; j'aurais souhaité qu'on en vienne aux résultats des biopsies et à la décision de la RCP. Il demande à m'examiner, je déballe donc la marchandise, il soupèse, palpe, fait l'inventaire de mes cicatrices, qui constituent autant de preuves des événements que je viens d'énumérer. Un homme jeune, habillé, cuirassé de sa blouse blanche, jaugeant l'état de la vieille carne abîmée, un peu flétrie, trop grosse, aux seins tombants, aux vergetures et aux cicatrices nombreuses, en culotte. Il prend des mesures, tâte, soupèse chaque sein. Il sort même un feutre et dessine sur mes seins. Je pense au cousin de mon beau-père, maquignon de son état, qui lui aussi tâtait le cul des vaches chez l'éleveur avant de décider s'il achetait pour l'abattoir ou non, et à quel prix il allait vendre l'arrière et l'avant de la bête, puis les marquait[1].

Rhabillée, me sentant de nouveau un peu humiliée, assise face au chirurgien, mon cahier ouvert, le

1. J'aurais aisément pu marquer un second point Godwin à propos du marquage, mais je me suis retenue.

stylo-feutre en l'air, j'attends. Sur l'enveloppe des clichés de mammographie, il dessine des seins théoriques, des seins qui ne se sont pas encore laissés aller à tomber. Une double vague, un oméga de l'alphabet grec – ω –, avec des points pour situer les mamelons. Il met des croix là où sont situées les tumeurs, une petite constellation se dessine. Il précise ensuite les types de cancer que les analyses des premiers prélèvements ont confirmés. C'est principalement un « carcinome lobulaire infiltrant » – ça, je le savais déjà grâce à la jeune et jolie radiologue qui avait vendu la mèche. Puis il dit que la chirurgie passera en premier, la chimiothérapie derrière. Non, le protocole de chimiothérapie n'est pas encore décidé. Il y aura ensuite radiothérapie, puis hormonothérapie. Mais tout cela sera validé ultérieurement. Il imprime mon programme de soins théorique.

Il envisage une mastectomie totale à droite et de me laisser le sein gauche en puzzle. Je préviens tout de suite que cela ne me convient pas et que je souhaite qu'il coupe les deux. Il fait son timide et dit *Non, un seul*, j'insiste, je dis que, le look amazone, je n'aime pas trop bien, et je sors plein d'autres arguments pour le convaincre que, quitte à couper, autant être symétrique. Je ne parle pas du travail d'équilibriste que je vais avoir à faire avec la réduction de poids du haut de mon corps. Alors je déclare avec un sourire *Bon ben, on coupe tout et on redémarre à neuf avec un reboot system ?*

À cet instant, il semble prendre un peu la mesure de sa patiente. Son regard est un peu perdu. Ce genre de réaction n'est pas prévu dans le manuel. Sous la chaise, je reçois un léger coup de pied de mon cher époux.

C'est la fin de la consultation. Il prescrit des prises de sang et une scintigraphie osseuse, un passage chez l'anesthésiste pour le bilan préopératoire. Il confirme la date du scanner qui est déjà programmé. Je demande la copie des analyses, il résiste un peu, et me les donne. *On attend encore les résultats des derniers prélèvements.* La RCP est prévue après la chirurgie. Mon cas nécessite d'abord une intervention chirurgicale, ainsi en ont décidé la chef de service de radiologie et le chirurgien. Cela semble usuel.

En quittant la consultation, je suis persuadée qu'il a pris en compte ma demande de mastectomie radicale et bilatérale. Je ne souhaite pas conserver un sein plein de cicatrices, toujours trop gros, et en plus susceptible de développer de nouvelles cellules cancéreuses. C'est assez simple. Je veux qu'il coupe, qu'il coupe tout. Cette décision, nous l'avons prise en couple, nous avons réfléchi au risque que représente mon type de cancer, et la probabilité d'une récidive est suffisamment élevée pour accepter les désagréments et risques d'une telle intervention.

La chirurgie n'est jamais sans risque, le temps opératoire va être long, il peut se passer tellement de choses au bloc.

Le chirurgien veut me revoir après les prochains examens. Trois jours plus tard, passage au scanner et, grâce à l'intervention ferme de mon généraliste, nous apprenons que les dernières biopsies sont inexploitables – du sang, du gras, mais point de cellules à identifier. À ce stade, je me dis que je suis tranquille, qu'ils auront l'occasion de couper mes seins en lamelles après l'intervention, et d'analyser et tester chaque millimètre de tumeur ou de tissu sain.

Le pitbull

Le soir après le scanner, je reçois un appel de la jeune et jolie radiologue, qui est bien embêtée. Nous venons de nous voir, et elle m'apprend que le chirurgien souhaite une nouvelle série de biopsies, cette fois en utilisant le Mammotome, une machine qui effectue une « macrobiopsie stéréotaxique ». Non, ça ne signifie pas qu'il y a de la musique en stéréo pendant qu'on se fait découper en tranches. Le machin est un engin qui ressemble à un pont à vidange de véhicule, mais de taille plus réduite, et plus élaboré. Moi je fais la voiture, les seins pendant dans des trous et une fraise venant me découper des morceaux de bidoche, le tout est piloté par un ordinateur, avec un GPS mais sans la synthèse vocale. On évite ainsi *Tournez à gauche avenue des tumeurs, à droite à quatre millimètres. Vous êtes arrivés à destination.*

Nous sommes le 25 juillet, et c'est à cette date que je comprends que, si je veux rester maîtresse des décisions qui me concernent, il va falloir le faire savoir rapidement et fermement.

La radiologue est bien ennuyée. Elle se désolidarise du souhait du chirurgien, mais est junior ; elle ne peut que me la transmettre. Je demande si cela apporterait quelque chose de me soumettre encore une fois à des prélèvements. Elle me répond que non. Bonne pomme ne voulant pas la mettre en porte-à-faux, après hésitation, j'accepte le rendez-vous fixé au lendemain. Mais je regrette déjà d'avoir cédé.

Le lendemain matin de bonne heure, avant de partir – encore trente kilomètres, un péage et quelques euros de racket pour le parking du CLB –, je me fends d'un mail au chirurgien, dont j'ai réussi à reconstituer l'adresse sans trop de difficulté.

Cher Monsieur[1],

à ce jour, vous semblez être le praticien référent de mon dossier ; c'est donc à vous que j'adresse ce mail et mets en copie votre consœur radiologue.

Je me permets de vous dire que je n'ai jamais laissé quiconque m'infantiliser et me priver de mes droits à prendre les décisions engageant ma vie. Vous avez demandé à votre consœur radiologue de me contacter pour me faire part de votre souhait d'une ultime biopsie (enfin, je l'espère à ce stade) à la suite de résultats qui semblent être de faux négatifs. J'aurais apprécié que cet appel vînt de vous, d'autant que, le matin même, j'étais dans vos locaux pour un scanner, et que j'ai obtenu par mon médecin traitant les résultats des prélèvements du 20 juillet. Je vous rappelle qu'au cours de notre conversation, lors de la consultation, je vous ai fait part de mon souhait que vous effectuiez une double mastectomie. J'aurais aimé savoir quels arguments vous aviez pour cette demande de biopsie, qui pour vous n'est qu'un geste technique délégué à un autre, mais qui pour moi constitue un acte chirurgical ayant des conséquences sur les quelques jours qu'il me reste de vie normale avant la chirurgie.

Le CLI[2] *n'affectant pas mon cerveau ni mes capacités intellectuelles, il ne changera rien à mon statut de personne ni à mes facultés de raisonnement logique. Quand je suis confrontée à une argumentation solide, je suis capable de comprendre mon interlocuteur ; et si je le*

1. Je n'écris que rarement Docteur, et jamais quand je suis en colère.

2. Carcinome lobulaire infiltrant.

juge utile ou convaincant, je suis susceptible de modifier mon point de vue initial. J'aurais apprécié être traitée comme une personne, et non comme une pathologie ou comme deux organes. Je pensais que votre génération de praticiens avait pris en compte la composante humaine et psychologique de la médecine. Est-ce un emploi du temps trop chargé qui vous en a empêché?

Je souhaiterais que vous preniez malgré tout le temps de me communiquer, même brièvement, vos explications, sans présumer de ma capacité à les entendre ni à les comprendre.

Je me rendrais ce jour au rendez-vous fixé par votre consœur, par correction et parce que j'ai pour habitude de tenir mes engagements.

Dans l'attente de votre contact, recevez l'expression encore intacte de ma considération.

Je sais, je n'y vais pas avec le dos de la cuillère. Mais j'ai, en trois semaines d'examens et d'attentes, épuisé mon capital patience. Je me rends donc au CLB.

La radiologue sourit à la lecture de mon mail qu'elle n'a pas eu le temps de lire avant de prendre son service. L'examen se passe malgré tout dans une relative bonne humeur. Il n'est pas agréable, mais j'ai connu pire. La posture sur le pont à vidange est inconfortable, désagréable, la procédure est ponctuée des *dring* de la machine et des bruits de la fraise de forage à la recherche de mes cellules cancéreuses. Puis, pendant que l'on me fixe des pansements sur chaque sein, la radiologue tape son compte rendu. Nos deux téléphones tintent simultanément : c'est la réponse du chirurgien qui arrive. La radiologue me lit le message, car je suis toujours aux mains des manipulatrices radio.

Chère Madame,

Lors de ma consultation, j'avais plutôt compris que vous souhaitiez, dans la mesure du raisonnable, un traitement conservateur, raison pour laquelle on avait décidé de se revoir pour les résultats des biopsies. Bien entendu, si quels qu'en soient les résultats vous souhaitez un traitement radical par mastectomie bilatérale, dans le cadre de la décision partagée, il n'est alors pas nécessaire de refaire les biopsies.

Concernant le fait que c'est ma collègue qui vous a informée de l'intérêt de cette biopsie, ce choix était justement en rapport avec le rendez-vous pour un scanner, que vous aviez, afin que quelqu'un puisse vous le dire de vive voix, et non pas au téléphone comme cela aurait été le cas pour moi, étant donné que j'étais absent du centre ce jour-là. Je reste à votre disposition pour reparler de tout cela lors de la prochaine consultation prévue.

Cordialement.

Ce monsieur n'avait donc *plutôt rien compris*, rien entendu, ou il mentait avec un certain aplomb.

Je suis prise d'une crise de fou rire, ce qui ne facilite pas le travail de la manipulatrice radio avec les pansements. Je me rhabille tout en commentant ce mail, je dis au revoir, et je quitte le service pour la dernière fois.

Mon mari m'attend dans la voiture, je mets la ceinture de sécurité et j'installe un coussin entre mes seins, solution trouvée après la première série de biopsies – nous sommes pleins de ressources dans l'adversité. Je lui montre la réponse du chirurgien. Nous en concluons que la communication va être un point à améliorer dans nos relations futures.

Nous décidons alors de partir à la montagne, car nous avons besoin d'air frais, de nous changer les idées et, pansements ou pas, j'irai nager. Piscine, lac, n'importe quoi fera l'affaire. De toute façon, ces seins sont appelés à disparaître ; je désinfecterai après la baignade, et on verra bien.

Sevrage sauvage

Nous sommes redescendus des alpages un peu à contrecœur, mais les enfants et les petits-enfants venaient nous rejoindre pour quelques jours de vacances, et j'avais une dernière série de rendez-vous à honorer.

Ce matin-là, à sept heure quarante, *le téléphone sonne*. C'est la tabacologue du CLB avec laquelle j'ai décidé de prendre contact. La date de l'intervention est fixée à la fin du mois d'août, il faut que je donne à mes poumons un peu de répit avant de passer sur la table et entre les mains de l'anesthésiste qui aura pour mission principale de me réveiller après la chirurgie.

Mon cœur va bien, et cela me rassure, mais les deux à trois paquets de blondes par jour de ces dix dernières années et les kilos en trop représentent des facteurs de risque. Les régimes et l'arrêt du tabac, je connais, j'ai déjà donné, tenté, loupé, recommencé, en boucle. Je me suis donc de nouveau imposé un régime, et j'ai un objectif de perte de poids raisonnable avant l'intervention. Pour le tabac, avec le stress, c'est un peu plus compliqué ; alors consulter une spécialiste, pourquoi pas. Le CLB propose une consultation et un suivi, j'ai donc pensé que cela pourrait m'aider.

Je ne savais pas quelle formation ont ces gens-là, qui ne sont pas forcément médecins addictologues. J'ai donc cherché, et trouvé que ce « diplôme interuniversitaire » est bien ouvert aux médecins, mais aussi aux dentistes et aux sages-femmes, cadres infirmiers, infirmiers, psychologues, diététiciens ou masseurs-kinésithérapeutes. Moins de deux cents heures de formation, et hop, tabacologue !

J'ai commencé à fumer du tabac assez tard, vers vingt ans, mais tout de suite beaucoup. J'ai le profil type des drogués. Je suis accro au travail, au numérique, à la cuisine et à la nicotine. J'ai testé le sevrage sauvage du tabac lors de la chirurgie cancer numéro un, et ça s'est très mal passé en réanimation. Les patchs n'existaient pas encore, et j'avais eu droit, après réflexion de l'anesthésiste d'alors et l'intervention d'une cousine, à *une* cigarette par heure, oxygène coupé dans la pièce et fenêtres ouvertes. Avec la morphine en intraveineuse, j'ai ainsi eu droit à un festival d'éléphants roses à la première bouffée, et mon petit cœur s'était remis au boulot.

J'ai réussi à cesser de fumer pendant deux ou trois ans, et j'ai repris bêtement lors d'un séminaire sur la Shoah en Israël, quand devant moi un type a commis un attentat sur le chantier du tramway de Jérusalem alors en construction. Une cigarette post-stress, et en quarante-huit heures j'avais repris ma vitesse de croisière à deux paquets par jour.

J'ai eu beau enrichir un psychanalyste et travailler sur mes comportements, je reste une camée. J'ai juste choisi, en dehors du tabac, des addictions moins nocives que la drogue ou l'alcool, que je ne consomme que rarement – et la drogue, c'est mal. Donc, côté expertise tabac et addiction, je me décerne un doctorat *honoris causa*. Il faut savoir s'apprécier dans la vie.

Bon, revenons au coup de fil matinal et à la tabacologue. J'ai déjà commencé à bloguer sur Fuckmycancer quand elle appelle.

Elle ne s'excuse pas pour l'heure un peu matinale et me demande de venir plus tôt ce même matin, parce que après, elle a une réunion. J'acquiesce et accélère mon planning – trente kilomètres, péage, parking, la routine. J'y vais seule.

Cette journée va être longue. La consultation de tabacologie est avancée, et j'ai quatre heures à tuer jusqu'à la scintigraphie osseuse. La véritable question est : métastases osseuses ou non ?

La tabacologue vient me chercher en salle d'attente, et je pense immédiatement *Tiens, c'est Heidi en sandales avec les chaussettes et les nattes, le pantacourt de montagne en prime !* J'ai du mal à ne pas appeler la *fashion police* et à me concentrer sur ce qu'elle me dit. Après m'avoir demandé quelle est ma consommation, elle enclenche un discours type et me suggère de dessiner un tableau sur lequel je devrais noter dans des colonnes les heures où je fume, la raison, la sensation, etc. Heu non, moi, Excel, j'en fais assez pour le boulot. Et avec mes quarante à cinquante cigarettes par jour, je ne vais pas avoir le temps de faire autre chose. Si la technique consiste à me faire écrire pour m'empêcher de fumer, ça ne marchera pas. D'ailleurs, j'ai opté pour le sevrage avec inhalateur.

Puis la conversation continue à tourner au vinaigre, et l'on doit en être à huit minutes de consultation quand je lui dis *Hum, vous êtes mignonne, mais je n'ai pas fumé deux à trois paquets depuis trente ans sans me poser de questions. Vous croyez sincèrement que votre tableau à la noix va m'aider ?*

Quand je dis à une adulte *Vous êtes mignonne*, je sais pertinemment que l'autre entend *Vous êtes stupide*, à moins qu'elle ne soit réellement stupide.

Elle est vexée – il y a de quoi. Alors elle parle changement de comportement. Intéressée, j'attends qu'elle prononce « thérapie comportementale cognitive », ou au moins qu'elle appuie sa démonstration sur quelques chiffres, cas ou théories. Non, en fait, elle a dû lire le début de *TCC pour les nuls* et ne jamais arriver à la page des sources ou de la bibliographie, s'il y en a dans ce genre de bouquin.

Je m'énerve – je rappelle que j'ai presque cessé de fumer, ce qui me tend un peu. Heidi me dit qu'avec cette attitude je vais droit à l'échec, et que sans les patchs *du représentant du labo et les pastilles du représentant du labo*, je n'y arriverai pas. Je ne sais pas quelle partie des deux cents heures de formation elle a séchée, mais si elle me donne un formulaire d'évaluation de la consultation, à la case *psychologie du soignant et satisfaction du patient*, je vais avoir besoin de place pour exprimer mon point de vue, et j'aurai du mal à écrire son nom, que j'ai d'ailleurs oublié. Sigmund, mon ami pour la vie. Je l'envoie bouler avec son placement produits, et je pars en restant polie – ce qui constitue un exploit. Un peu plus tard, dans le hall, Heidi redescendue de son bureau se dirige vers sa réunion. Elle entend la conversation téléphonique que j'ai avec mon mari, ponctuée de *connasse, inculte et incompétente.* Je n'arrive toujours pas à en être désolée. Incorrigible. Promis, pour Kippour, je réfléchirai.

Je réduis les cigarettes de moitié, puis encore plus, sans toutefois stopper net. Je compense avec des inhalateurs de nicotine (qui ne sont pas des e-cigarettes), et je continue le régime. Mon généraliste me décerne une médaille en chocolat, parce qu'un morceau par jour, j'y ai droit.

Avant de passer à la scintigraphie, je décide d'anticiper un peu et de m'informer sur les suites opératoires. Je veux rencontrer *l'accompagnatrice en santé* de l'Espace Rencontre et Information dédié au cancer, dont l'acronyme est ERI.

ERI, c'est une marque déposée – ça surprend un peu, mais business et cancer se révèlent bons amis. Ces espaces existent depuis 2001 et ont été fondés et financés par la Ligue nationale contre le cancer, le laboratoire Sanofi France et les centres de lutte contre le cancer. Ils ont une fonction d'information des patients et de leurs familles. Manque de chance, l'ERI est fermé jusqu'au 19 août, l'accompagnatrice de santé prenant ses vacances, et le budget ne permettant pas son remplacement…

Une affichette mentionne le centre le plus proche, à quinze kilomètres, dans un hôpital de la banlieue sud de Lyon. J'abandonne l'idée de m'y rendre. Cancer en été, pas d'information ni de soutien.

J'ai toujours quatre heures à tuer, et je tente donc de rencontrer l'infirmière pivot – pas la sœur de Bernard, celle qui coordonne les actions après l'hospitalisation. Et là, un moment de grâce, la jeune femme est efficace, performante, humaine, patiente, et je sors de son bureau rassurée, en me disant qu'il est temps de prendre contact avec les infirmières libérales de mon village afin qu'elles m'incluent dans leur planning pour le retour de chirurgie.

Il faudrait aussi que je parle à mon généraliste, et je liste plein d'autres choses à prévoir, comme l'aménagement de notre chambre et de notre lit, et l'exfiltration de mon cher époux dans une chambre à l'étage, puisqu'il est plus que probable que je vais devoir dormir sur le dos (et ronfler), les bras en croix surélevés par des coussins, et que son sommeil risque d'en être perturbé. Autant que l'un de nous deux dorme correctement.

Mieux vaut prévenir que guérir, dit la sagesse populaire. Personnellement, guérir m'irait bien. Mais en attendant, autant organiser et planifier, afin de réduire les surprises désagréables. De toute façon, je sais que ça va être rempli d'imprévus.

Fukushima ou presque

La scintigraphie a eu lieu. D'abord l'injection de l'isotope, puis l'attente de sa fixation sur le squelette. Je pourrais vous décrire la procédure comme sur Wikipédia, mais, *en vrai*, cela s'est passé tout en délicatesse – jugez par vous-même.

Je crois d'abord avoir été téléportée dans une centrale nucléaire, les piscines de refroidissement en moins : sur les portes du service de médecine nucléaire, des pictogrammes sont affichés comme à Fukushima. La manipulatrice radio finit par me prendre en charge, puis c'est l'attente, encore. Enfin, elle appelle sa consœur. *Allo Ginette, j'ai une osseuse, tu peux la programmer à quelle heure ?* Je manque égorger la fille avec les dents. Elle commence à râler sur la qualité de mes veines. Je réponds *Ben ma bonne dame, c'est le dernier jour des soldes. Tu prends ce qui reste au prix où c'est bradé, et c'est comme ça.* Elle est désarçonnée, mais pas suffisamment pour m'expliquer la procédure ni me dire qu'elle va m'injecter un traceur radioactif. Ni s'il y allait avoir des effets secondaires.

Toujours cette bonne vieille méthode : *je ne te dis rien, tu es là pour subir, tu es trop stupide pour comprendre, alors laisse-moi bosser.* Un peu perverse, je demande si cela va poser un problème pour mon petit-fils de deux ans et demi, car en bonne fouine, je connaissais la réponse. Elle lève un sourcil et répond *Ah oui, pendant vingt-quatre heures, pas de contact prolongé. Vous ne le prenez pas sur les genoux, vous ne vous asseyez pas juste à côté de lui.* Là, elle sort une énorme seringue en métal plombé, comme son conteneur isolant, et y visse une aiguille pour finalement injecter son truc.

Encore deux heures d'attente pour que le produit se fixe. Je vais déjeuner. Quitte à être radioactive, je prends des sushis au saumon.

Il est enfin l'heure de se rendre sur le plateau télé. Une dame qui a loupé son CAP poissonnière hurle mon nom depuis le bout du couloir. En arrivant à sa hauteur, je lui lance : *Elle est fraîche votre morue ? J'en prendrais bien un kilo.* Elle me saucissonne sur une table d'examen, me scotche les chevilles et se retire derrière sa vitre de protection. Comme elle a oublié de me bâillonner, je peux lui dire *Cela vous fatiguerait-il de m'expliquer l'examen et de me dire combien de temps il dure ?* Elle me répond sèchement que j'en ai pour dix-huit minutes et retourne derrière la vitre. Balayage de la caméra, second passage de trois minutes pour le crâne et les mâchoires. Si vous êtes claustrophobe, vous fermez les yeux, parce que la caméra passe très près. Pas de musique d'ambiance. Respirez, ça finit par s'arrêter.

Après avoir été libérée, j'attends la lecture des images, l'interprétation et le compte rendu du médecin. Cette fois, ce n'est pas un interne mais une senior, qui pour autant ne me donne pas son nom – à quoi bon se présenter ?

En résumé : Carlo, mon carcinome, n'a pas encore envahi la Pologne. Bref, pas de métastases osseuses. Et elle ajoute finement *Mais faudra revenir, ça peut encore se produire*... Encore une qui n'a pas suivi les unités de valeur de psychologie en formation initiale ou permanente.

Le manque de nicotine, les heures d'attente et la frustration face au manque de considération chronique dans les services d'imagerie, à ce point de ma journée, me chauffent autant que le wasabi du déjeuner. Je récupère le compte rendu papier de l'examen, lit son nom et le détail de ses remarques. Pas d'images sur CD, elles sont dans mon dossier numérique, avec le reste de mes résultats d'examens divers. Le chirurgien les aura pour notre dernier rendez-vous avant travaux.

Je reprends la voiture.

Message à caractère informatif

Depuis le début des diagnostics, j'ai entendu et lu le répertoire quasi complet des bêtises, maladresses et phrases toutes faites qui indisposent tout patient atteint d'un cancer. Celles que l'on adresse plus spécifiquement aux patientes atteintes d'un cancer des seins aussi. Je les ai partagées avec plaisir et parfois colère sur mon blog. Ce post a suscité bien des réactions de patientes ou de proches de malades.

Certains lecteurs de ces textes rédigés au jour le jour ont interprété mes propos, se sont projetés dans mon histoire et ont réagi avec les sentiments qui sont les leurs. Parfois je répondais aux commentaires, parfois je les ignorais. Je n'avais jamais tenu de journal auparavant ; le journal n'était pas pour moi, jusqu'au jour où j'ai décidé de raconter l'expérience cancer du sein. Cela s'est imposé comme une thérapie, un exutoire aux angoisses nées de l'incertitude et de l'attente. Puis, au fil du temps, ma nature a repris le dessus, le blog est aussi devenu l'endroit où j'exprimais mon avis sur quelques-unes des problématiques que rencontrent les malades, avec mon éclairage et mon parti pris. Je n'ai jamais cherché à imiter les journalistes. Le blogueur est un éditorialiste. J'ai édité mon expérience de patiente, au jour le jour, sans recul.

J'ai aussi eu droit aux mails/SMS de proches/membres de la famille – *Pensons à toi, et t'appellerons à notre retour de vacances* – qui arrivent à égalité avec *J'ai trop de boulot, je ne peux pas t'appeler.* Personne n'a eu l'idée d'appeler mon conjoint ou mes enfants pour prendre de leurs nouvelles, ni pour s'enquérir de l'effet de mon cancer sur leurs vies. Ça réchauffait le cœur d'être si bien entourée.

J'ai la chance de ne pas avoir un mari qui a fui à l'annonce de la maladie – ça existe. Il ne saute pas de joie, mais il est là, nos enfants aussi, et je sais que je peux compter sur eux et sur leurs conjoints. Ils le manifestent. Et je m'inquiète pour eux parce que je sais que cette maladie va nous secouer tous.

Je dois souligner que j'ai aussi reçu des messages formidables, des visites impromptues et amusantes dépourvues de têtes d'enterrement, des fleurs et des petits cadeaux. IRL[1] ou sur les réseaux, certains se sont révélés attentifs, amicaux, prévenant, inquiets. Ils étaient bien plus nombreux que ceux qui ont été décevants.

La fin des soldes

Nous sommes enfin en vue de la dernière ligne droite avant la chirurgie. Il me reste à revoir l'homme qui manie les couteaux, et après notre échange de mails j'ai un doute sur la qualité de

1. *In real life*, « dans la vraie vie ».

cet entretien. Je décide donc que j'en parlerai d'entrée lors de la consultation, afin d'évacuer cette source inutile de tensions. C'est très égoïste comme démarche, mais je vais quand même passer quelques heures sur la table où il va opérer. J'aimerais qu'il fasse le boulot proprement.

Les visites des enfants se succèdent à la maison, nos petits-fils profitent du jardin, de la petite piscine gonflable, nous allons voir les chevaux et les vaches – ces petits citadins ne s'en lassent pas – en ce beau début du mois d'août.

Arrive la date de la consultation et, pour changer, mon mari et moi prenons la route pour le Centre Léon-Bérard. Le circuit accueil-étiquettes-attente-consultation est devenu une routine au fil de ce mois de diagnostics. Oui, déjà trente jours depuis la mammographie à Paris.

Cela fait quelques jours que je lis le détail du Plan Cancer 2009-2013, qui constitue la feuille de route des politiques publiques, un nouveau plan était attendu pour 2014. Dans celui en cours, un axe est intitulé « Garantir à chaque patient un parcours de soins personnalisé et efficace ». Pour l'efficacité théorique annoncée, je n'ai pas d'éléments d'appréciation comparatifs, mais trente jours pour un diagnostic complet, cela me semble un peu long. Trente jours dans l'attente d'un diagnostic, ce sont trente jours d'angoisses inutiles, de manque de sommeil. Plus tard, en comparant les témoignages sur les parcours de malades, j'en déduis que c'est la norme. Les centres de lutte contre le cancer sont surchargés de patients, souvent en manque chronique de personnel, et mon cancer a eu la bonne idée de se faire connaître en période de vacances, donc en période d'effectifs réduits. Une chance que mes tumeurs n'appartiennent pas à la série de celles qui flambent ou évoluent rapidement, une chance que je n'aie pas de métastases décelées en dehors de la zone immédiate des seins. Selon l'IRM, il y a bien un truc anormal dans le creux de mon aisselle droite, mais cela reste cantonné à la périphérie du thorax et de la paroi thoracique.

Sur le site du CLB, il est écrit :

> *Dans le cadre de la consultation d'annonce de la maladie, une « assistante de soins » propose de vous rencontrer après l'annonce de votre maladie par le médecin, mais aussi, si vous le souhaitez, tout au long de votre traitement lors des venues au CLB. Au cours de cet entretien sont abordées différentes questions : le déroulement de la prise en charge, les examens complémentaires, le programme personnalisé de soins, les effets des traitements, les conditions d'hospitalisation, les soins de support, les associations.*

Là, il existe déjà un léger décalage, une faille temporelle, puisque je sais que mon carcinome lobulaire infiltrant est là depuis plus de quinze jours, mais j'ai dû me débrouiller toute seule avec l'« annonce de la maladie », et ma famille aussi. Pas l'ombre d'un psy à l'horizon ni d'une infirmière formée. Rien, *nada*, zéro. Plus tard, j'apprends d'ailleurs que ce poste n'existe pas dans les effectifs du CLB.

Un dernier point sur la place des médecins généralistes : le Plan Cancer prévoit que « le médecin traitant est le référent médical légitime pour coordonner les soins à domicile, aux côtés des autres professionnels de santé de proximité que sont les infirmiers libéraux, les pharmaciens et les acteurs des réseaux de santé », et pour cela, le médecin traitant est censé être informé en temps réel.

Mon généraliste, qui me suit depuis vingt-cinq ans, a été informé en temps réel par… moi. Et, selon son expérience de terrain avec d'autres patients atteints de cancers divers, c'est habituel. *Je reçois les comptes rendus en moyenne quinze jours après les examens ou interventions.*

J'ai donc, à chaque examen, demandé à la secrétaire de chaque département de faxer – oui, *faxer*, parce que malgré l'existence d'une plateforme de partage des dossiers des patients, le service informatique n'a pas pensé que l'on pouvait communiquer avec l'extérieur de l'établissement, ou que donner un accès au dossier patient dématérialisé au médecin traitant était judicieux. Parce que, malgré les droits du patient bien écrits dans une charte qui est bien affichée dans les services, *on ne peut pas vous les communiquer* est la réponse classique des secrétaires. Je les ai aussi photographiés avec mon téléphone sur le bureau du médecin consulté, ou extorqués de force parce que je suis une emmerdeuse et que je le vaux bien, puis envoyé par mail au cabinet de mon généraliste.

C'est à cette période aussi que j'ai enrichi ma culture médicale grâce à Pubmed et aux autres sites de publication des études scientifiques qui permettent l'accès aux articles – souvent en anglais – des derniers résultats de la recherche. Je consulte aussi les sites anglophones des grands hôpitaux et des centres de recherche nord-américains. Je mesure le décalage évident dans l'accompagnement personnalisé entre les deux systèmes de soins, et j'apprécie néanmoins ma chance d'être malade dans un pays où les maladies graves sont, en théorie, prises en charge à 100 % par le système d'assurance sociale. En théorie.

Car si je fais un bilan financier de ce mois de diagnostics, nous avons fait mille trois cents kilomètres à nos frais entre les trajets au CLB et mes visites chez mon médecin traitant. Et encore, nous n'habitons qu'à une trentaine de kilomètres de Lyon. Il a aussi fallu payer vingt-deux fois le péage aller-retour et le parking du CLB, qui n'est pas gratuit pour les malades et leurs familles – un racket aussi propre que le stationnement dans les aéroports. La clientèle est captive, autant lui faire payer l'amortissement d'un investissement obligatoire ! Il ne faut pas s'étonner que certains patients fassent le choix du transport médicalisé pris en charge par la Sécurité sociale, pour des raisons évidentes de budget.

L'égalité d'accès aux soins est aussi soumise aux contraintes de la prise en charge des coûts de transports. J'ai évité à la Sécurité sociale de payer dix-huit trajets de VSL pour les rendez-vous au CLB.

Plus tard dans mon parcours cancer, je rencontre des femmes qui viennent de communes distantes parfois de plus de deux cents kilomètres. Avec les embouteillages, elles passent parfois jusqu'à six heures dans les transports pour une consultation de vingt minutes ou une chimiothérapie. Pour elles, chaque retard est synonyme d'épuisement. Le centre recrute une patientèle dans toute la Région Rhône-Alpes ; l'inégalité de la qualité des soins est une réalité territoriale. On parle d'harmonisation des protocoles, mais la réalité est bien différente. Le cancer amplifie les inégalités. Les chances ne sont pas équitablement réparties. Je m'estime donc relativement bien lotie.

Pour mon médecin traitant, qui est hors du département de mon domicile mais est notre médecin référent et en qui nous avons confiance, la question du remboursement des frais de route ne se pose pas ; nous assumons ce choix. La caisse d'assurance maladie a égaré le formulaire de choix du médecin traitant et, en conséquence, retient les feuilles de soins et les remboursements de consultation. Nous avons commencé par avancer les dépenses de pharmacie pour les pansements et les produits de contraste des différents examens, ma carte Vitale n'étant toujours pas en fabrication. Si le pharmacien n'est pas de bonne volonté pour télétransmettre sans la carte, c'est retour à la feuille de Sécurité sociale et à la retenue supplémentaire sur le remboursement.

Pendant ce mois de diagnostics, j'ai changé de pharmacie, la pharmacienne du village voisin se révélant d'une parfaite mauvaise volonté et – sans insulter les épiciers – une caricature d'épicière.

La scène de rupture se déroule en intérieur. La cliente, après avoir échangé vivement avec la préparatrice qui refuse de délivrer un antalgique parce que l'ordonnance n'est pas arrivée sur la boîte mail en panne de la pharmacie, pose toute la parapharmacie sur le comptoir et lance quelques noms d'oiseaux devant la clientèle. La patiente a mal, et ce n'est pas le moment de la contrarier. Sortie sans retour en récupérant l'ordonnance des produits de contraste spécialement commandés, mais qu'elle refuse. La préparatrice a mal choisi le moment. La profession de pharmacien est peut-être sinistrée, mais, dans ce village où la clientèle se recrute dans un périmètre assez vaste, les affaires vont bien. Elle perd ainsi du chiffre d'affaires juste au moment où les ordonnances vont commencer à être juteuses. J'irai donc pourvoir aux affaires d'un autre pharmacien dans la ville voisine. Il y a trois concurrents directs installés dans un périmètre de deux cents mètres. J'en choisis un, il est charmant et compréhensif. Il avance les boîtes, attend les fax d'ordonnances, livre en cas d'urgence – et des urgences, il y en aura, je n'ai aucun doute sur la capacité de mon carcinome à me compliquer l'existence.

Parmi les complications non médicales, il faut aussi compter avec l'administration. Ne voyant aucun remboursement arriver sur mon compte bancaire, j'appelle la plateforme Ameli une fois, deux fois, trois fois… Après les résultats des premières biopsies, mon généraliste a transmis le formulaire déclarant l'affection de longue durée et signé un premier arrêt de travail de six mois. Comme je suis en portage salarial depuis moins de trois mois, je n'ai pas le bénéfice de l'assurance prévoyance, bien qu'ayant cotisé de longues années. C'est à ce moment-là que je mesure le préjudice réel subi lors de la rupture abusive de mon précédent contrat de travail. Je mandate une avocate spécialisée, je lui demande d'accélérer le dépôt de dossier aux prud'hommes. Pas de prévoyance, cela signifie non seulement pas de maintien de salaire, mais également pas de prise en charge partielle ou totale d'une aide à domicile au retour de la chirurgie, alors que mes bras seront aux abonnés absents. *Pas de bras, pas de chocolat,* disait la pub. Moi ce sera *pas de bras, débrouille-toi.*

En attendant, le débit différé de ma carte bleue du mois de juillet a mis à mal notre découvert bancaire. Cela s'annonce chaud avec mon banquier, avec lequel j'entretiens déjà des relations chaotiques. Les virements CPAM marqués « arrêt maladie » n'arrangeront rien.

Exaspérée par les lenteurs de la caisse d'assurance maladie de mon département, je décide de passer à la vitesse supérieure en interpellant la caisse et la ministre de la Santé grâce aux réseaux sociaux et au blog. Sur le blog, justement, à propos de l'annonce de la maladie et des droits du patient, Dominique Dupagne, médecin généraliste et activiste, me laisse ce commentaire édifiant sur les pratiques.

> *Il reste une étape surréaliste : la réunion de concertation pluridisciplinaire (RCP), où votre cas va être étudié par un aréopage de spécialistes. Il y manquera curieusement deux personnes : vous et votre médecin traitant (tout est fait pour qu'il ne puisse pas vraiment y assister). On vous informera ensuite de ce que l'on a décidé pour vous.*

Dernière sortie avant travaux

Confiante, j'aborde la consultation finale de chirurgie. Je suis remontée à bloc. Dans la voiture, mon mari essaie de tempérer mes ardeurs. *Sois sympa, ne l'égorge pas avant l'intervention, on a quand même besoin de lui.* Sur le trajet rapide, en ce début de mois d'août, nous dressons la liste des sujets à aborder. Je ressors le cahier et le feutre. Après un passage accueil-étiquettes, nous nous asseyons dans la partie attente du hall, qui est en travaux. Ce jour-là, il faudra patienter plus d'une heure trente avant que le chirurgien vienne nous chercher.

Je reviens sur l'épisode biopsies/mail incendiaire, en plaisantant. *J'espère que le jour de l'intervention, cela ne me portera pas préjudice*. Puis on passe à la case des derniers résultats, qui ne font que confirmer ce que je sais déjà : c'est un carcinome lobulaire infiltrant des deux côtés avec, en cadeau, un peu de carcinome canalaire, le tout hormono-dépendant à presque 100 %. Il m'explique alors la technique opératoire, les ganglions sentinelles, la possibilité du curage axillaire, très probable à droite, le marquage au bleu des ganglions, et me donne le choix pour le type d'incision – sous le bras, plus ou moins invasif, mais avec le bénéfice d'enlever le bourrelet de gras sous le bras, qui gênerait la mobilité et serait disgracieux. Je ne réfléchis pas trop et accepte qu'on élimine le gras. Toujours éliminer le gras.

La consultation se poursuit. Il explique les suites, les drains de Redon, les bouteilles. Comme j'ai déjà connu ça pour l'abdomen, je ne relance pas la discussion en questions inutiles. Il commence à parler future reconstruction. Là, je l'arrête et énonce qu'il est hors de question de remplacer mes seins, ni par des prothèses externes ni par des implants, et encore moins en prélevant du muscle dans mon dos. J'ai cinquante-trois ans, mes seins en ont quarante-deux, ils ont fait leur temps et, dans mon logiciel, leur obsolescence et la mienne sont programmées. Tu vis, tu meurs, on se passera donc de reconstruction. Donc, pas de reconstruction, *mais merci de soigner les finitions*.

J'aborde le sujet sensible de la politique de la maison en matière d'antalgique et de gestion de la douleur. Il est rassurant – *morphine à la demande si besoin, mais vous verrez c'est moins douloureux que ce que vous avez déjà subi.* Je repense aux femmes qui disent ne pas avoir eu trop mal lors de leur accouchement sans péridurale, lorsqu'elles en parlent vingt ans après. Cette capacité qu'ont les gens à oublier la douleur m'étonne toujours. Les gens, et moi avec.

Il rédige les ordonnances de pansements et de soins infirmiers, me met en garde sur la cicatrisation, à cause de la tabagie et de mon surpoids. Je l'informe de la réduction drastique de ma consommation de tabac et de ma perte de poids en cours, de ma bonne nature, mes cicatrices précédentes attestant de la chose et de la dextérité du chirurgien précédent.

La date de l'intervention est déjà fixée : ce sera le 20 août, entrée prévue le lundi 19. Il me reste quinze jours pour profiter de l'été et me préparer au grand chantier.

Je demande s'il est envisageable de voir un psychologue, et là, il m'informe que monsieur Nichon – non, je n'invente rien ! – sera dans le service, et qu'une consultation avant l'intervention est possible. Je décline poliment. Comment voulez-vous que je sois sérieuse quinze secondes avec un psy qui s'appelle Nichon pour lui parler de ce que je ressens à la veille d'une mastectomie bilatérale ? Même mon époux, qui est sérieux et taiseux dans ce genre de circonstances, ose un *C'est une blague ?* Silence gêné en réponse.

Le chirurgien imprime une dernière ordonnance pour un bilan sanguin préopératoire, puis j'enchaîne avec une visite rapide chez l'anesthésiste. Rapide, la visite ? Non, expédiée à grande vitesse : examen de la tension, surprise devant *une grosse qui est hypotendue* – bam, un préjugé qui s'envole ! *Vous fumez ? Blabla, c'est mal, blabla.* Passage sur la balance. *Blablabla.* Moi : *L'essentiel, c'est que vous arriviez à me réveiller, et de préférence avec mes neurones au complet.* Ambiance… *En sortant, allez faire un électrocardiogramme dans le bureau d'à côté, et une radio des poumons.* Pas de formule de politesse, j'imagine jugée inutile. Il devient donc l'Ours des Carpates dans mon bestiaire personnel ; il ne sera pas au bloc, et je ne connais pas l'anesthésiste qui aura ma vie entre ses mains.

Les deux derniers examens ne révèlent rien, je suis donc bonne pour passer sur la table d'opération. Nous reprenons le chemin de notre campagne, bien heureux de cette pause de deux semaines avant l'échéance chirurgie. Exténuée, je fais une sieste de compétition, ponctuée de cauchemars.

Mafiosa, le clan

Cette quinzaine du mois d'août 2013 est consacrée à la tribu. Nos enfants et leurs familles sont venus passer quelques jours à la campagne, certains juste pour le week-end, d'autres pour une semaine, comme chaque année. C'est une parenthèse de normalité dans le chaos. Je cuisine à tour de bras, comme d'habitude. Nous parlons de l'échéance à venir, de l'intervention, de la suite et des facteurs inconnus ; j'essaie de dédramatiser.

Ils m'ont toujours connue forte, je n'ai pas encore baissé la garde. Je sais que tout peut basculer. Je sais que je ne serai pas toujours celle qui protège, conseille, rassure, celle qui râle aussi. Je les ai bassinés, lorsqu'ils étaient enfants et adolescents, avec mes remarques, lorsqu'ils se chamaillaient ou en arrivaient aux mains, parfois. Je leur disais *Battez-vous, insultez-vous, tuez-vous, mais aimez-vous, et soyez là les uns pour les autres, toujours.* Ils se sont battus et ont cessé, se sont insultés et ont cessé, ils sont devenus quatre belles personnes et ont trouvé et choisi quatre belles personnes avec qui partager leurs vies. Ce qui est pour moi le plus important dans les relations qu'entretiennent mes enfants et leurs conjoints entre eux est une forme de cohésion et de respect mutuels, parfois à géométrie variable. Ils ne vivent pas la même vie, ils ont des univers proches et différents, et cette variété est notre richesse.

J'ai sur ma cheminée une plaque en métal qu'une de mes filles a rapporté d'un de ses voyages, qui nous symbolise bien. C'est une illustration des années cinquante, qui représente une mère américaine et deux jeunes enfants. Elle leur dit *Remember... As far as anyone knows we're a normal family*, ce qui signifie : « Souvenez-vous, pour les autres nous sommes une famille normale. » De bonnes âmes charitables, jamais avares de leurs jugements et à ranger dans la boîte des Yente, ont souligné qu'étonnamment aucun de nos quatre enfants n'avait choisi de conjoint de notre religion. Quand on transmet des valeurs d'ouverture et de tolérance, et que l'on ne cesse de répéter que ce qui doit primer dans l'engagement, c'est la confiance mutuelle en l'autre, tout est possible.

L'aptitude d'une relation amoureuse à s'ancrer dans le temps ne dépend pas d'origines partagées. Le divorce, chez les juifs, existe depuis toujours, bien avant que les chrétiens le tolèrent.

Mon mari et moi formons un couple d'une espèce assez rare, des dinosaures avant l'extinction, disent nos enfants. Trente-sept ans de vie commune, trente-sept ans de partage et d'évolution. Trente-sept ans d'engueulades aussi, toujours sur des sujets mineurs. Une famille normale. Le cancer arrive à un moment où nous sommes solides dans notre relation, mais fragiles sur le plan économique. Mais cela, nous l'avons déjà connu, et nous nous en sommes déjà sortis.

Le cancer apporte dans sa besace d'autres risques, que nous tentons d'identifier pour nous préparer à les vivre sans détour. Nous abordons certains de ces sujets en famille, lorsque les petits font la sieste ou finissent par s'endormir le soir. La maison est pleine, les machines de linge tournent à bloc. Ça sent les cookies chauds à quatre heures et la brioche tiède au réveil. Nous célébrons joyeusement les anniversaires ensemble, et quand je regarde les photographies de cet été, le ciel est bleu, les sourires sont francs autour de la table presque pleine. Il manque une de mes filles et son épouse – elles sont venues plus tôt en juillet.

Le soir du 15 août, alors que la température est encore très douce, au menu : fondue savoyarde, comme un pied de nez au temps qui passe. Pourquoi attendre les frimas, pourquoi attendre ?

Sur la photo souvenir de cette soirée, une assiette de salade atteste de mon régime préopératoire. Je tiens bon. La date de l'intervention approche, les couples avec enfants partent le lendemain. Les autres décident de rester un peu, de prendre un peu de rab de cette ambiance. Comme une envie de prolonger l'été, comme une envie de reculer l'échéance. Le samedi, je suis prise d'une irrépressible envie de nager dans le lac de mon enfance. Nous nous mettons en route.

The Perfect Day

J'ai pris la route de bon matin. Tu vois, il faisait vraiment beau.
J'avais un plan pour cette journée, faire passer l'angoisse avant l'opération. Le Léman de mon enfance, ça ressemblait un peu au lac de mes envies de retraite, au Golden Pond de Henry[1]*, mais pas vraiment.*
J'ai tracé mon chemin, la montagne était belle, et je n'aime pas Jean Ferrat.
Retrouver le parfum de mon enfance. Il fallait que j'y arrive doucement.
Je me suis perdue, comme toujours. Je suis descendue vers Sciez plutôt que de longer le lac, mon lac.
Il est grand, je le partage avec les Suisses et les Français, mais ce petit bout-là, il est à moi. Je ne le possède pas, il est juste à moi, tapi dans mon cœur.
Bien sûr, je ne reconnais rien, j'ai beau m'approcher, me concentrer, appeler tous mes neurones à se mobiliser,

1. *La Maison du lac*, en français, est un film de Mark Rydell sorti en 1981, avec Jane et Henry Fonda et Katharine Hepburn.

ça reste flou. Le port a changé, il y a des bars et une capitainerie, un bateau de sauvetage.
Je n'ai plus six ans depuis quarante-sept ans. Je me souviens du jour où j'ai eu le droit de garer le bateau au port sous le regard de mon père, et où j'ai défoncé la coque en marche arrière, à fond contre le ponton. Je souris du dedans, mes yeux se plissent. Je revois la tête de mon père. Il a moins ri en payant la facture.
Je me souviens de Catherine et des autres, des grands qui me portaient alors sur leurs épaules, des petits que j'embêtais. De ceux qui me martyrisaient, du jour où j'ai découvert que les cygnes pinçaient fort les mollets et que, contrairement à ce que prétend l'histoire du vilain petit canard, ils ne sont pas du tout amicaux.
Je me souviens des Riva et des autres bateaux. Je ne savais pas que c'était du luxe que d'avoir un bateau, j'étais trop jeune pour apprécier ma chance.
Je marche un peu sur la jetée du port, juste pour retarder la rencontre. Les mouettes sont là.
Je me souviens que je ne suis pas seule, alors je raconte ce morceau de moi que j'avais gardé intact.

Nous avons garé la voiture devant le château. Je le devine au bout de l'allée, son toit apparait à peine, il n'a pas changé, debout depuis le XIIIe siècle. Un gardien, une guérite, un Digicode : c'est un hôtel.

Ça l'était déjà du temps de mon enfance, mais je m'en moquais, j'avais six ans au début, peut-être douze la dernière fois où j'y ai dormi. À l'époque, c'était moins chic – une pension de famille en été. La famille qui l'a repris dans les années cinquante l'a transformé, trois générations de femmes s'y sont succédé. La cuisine y est maintenant étoilée. La clientèle aussi a changé. Les familles d'antan ne sont plus là, le tourisme évolue, les gens consomment du loisir, nous partions en vacances.

Je fais d'abord le tour des remparts en évitant le lac et le ponton. J'explore les murs et les jardins, je pense à nos cavalcades, à nos rires, à nos punitions. Je me suis réservée pour le lac. Celui où j'ai appris à faire du ski nautique avec un gilet de sauvetage qui m'arrivait aux chevilles et des skis d'adulte parce qu'il n'y avait pas de modèle enfant à cette époque. Le lac et son ponton, où nous courions pour plonger dans l'eau – sauter d'abord, éviter les rochers, plier les jambes, nager jusqu'au radeau, y grimper, et là, sauter encore, remonter pour plonger, apprendre à bien plonger, remonter et recommencer. On se poussait, on riait, les parents nous disaient de faire moins de bruit.

Le lac où mon frère a fait semblant de se noyer un soir ; alors mon père, habillé pour sortir, a plongé pour sauver son fils en danger. L'idiot est ressorti hilare de l'eau, le père moins amusé a fait sécher son smoking et ses billets de banque.

Mon autre frère y a fait une crise d'appendicite et a passé une partie des vacances à l'hôpital de Thonon ou d'Évian. Moi, je me baignais. Insouciante.

On dormait parfois dans le donjon, tous les cousins ensemble. On se faisait peur avec des histoires de châteaux hantés, des lampes de poche sous les draps. Les grands filaient à l'anglaise pour fumer en douce. Les parents dînaient sans nous, déjeunaient sans nous. On avait une nounou, Nanou. Elle était sportive, gentille, et elle organisait les activités des enfants.

Quand il pleuvait, on mangeait à l'intérieur ; sinon, c'était dans la cour intérieure où se dressait une grande table pour tous les enfants des vacanciers. Le matin, c'était devoirs de vacances obligatoires. Sinon, pas de tennis, pas de baignade.

Devant le lac, il y avait un solarium. Il a disparu, il reste un ponton un peu rouillé, et un autre, en meilleur état. Ma mère mettait un bonnet de bain à fleurs pour ne pas friser, elle fumait des Gitanes allongée au soleil en lisant.

Au goûter, on buvait du Fruité pomme-cassis en mangeant des Pailles d'or, et des fois, Mila, la bonne fée de l'hôtel, nous glissait des brioches du matin.

Nous nous installons au restaurant. Je n'ai qu'une envie, aller nager, mais il faut déjeuner d'abord, et nous avons faim. Le repas terminé, nous nous dirigeons vers la plage. Un serveur tente bien de nous dire que l'accès est réservé aux clients de l'hôtel, mais rien ne peut me priver de cette baignade, de ce moment tant attendu.

Nous nous changeons au bord de l'eau, et depuis le ponton, je plonge. L'eau est claire, il fait beau, le lac est propre, pas d'algues vertes. Personne pour nous ennuyer. Nous nageons, nous profitons de cette belle journée. Notre fille prend des photos, nous sommes tous heureux.

Lorsque nous partons, une dame âgée prend le soleil sur les remparts. Je la reconnais, et je m'avance vers elle, et je me présente. Cela fait quarante ans ou presque que nous nous sommes vues. Elle sourit, évoque ces années lointaines et ma famille. Je lui présente ma fille, elle me dit qu'elle me ressemble.

En partant de Sciez, je vois au bord de la route un panneau indiquant la vente de framboises. J'en achète deux cagettes et, le soir-même, en urgence, je fais de la confiture. Il ne faut plus perdre de temps.

J'ai pensé à la chanson de Lou Reed, *The Perfect Day*. Elle date de 1972, comme mes souvenirs. Je l'écoute avant de m'endormir. Une journée parfaite.

Le lendemain, le jeune couple part après moult embrassades et quelques larmes. Nous nous retrouvons seuls pour une dernière soirée. Il est temps d'attaquer ce cancer de front.

Premier bilan

En quelques semaines, j'ai eu un avant-goût de ce que ce cancer allait déclencher dans ma vie. En premier lieu, mon statut social est passé de senior active à senior malade.

Déjà, le passage à la rubrique senior, je l'avais un peu eu en travers de la gorge. Il était apparu lors d'un entretien avec un conseiller de Pôle emploi – qui s'appelait encore Assedic –, j'avais quarante-deux ans, je trouvais cela légèrement abusif, mais c'était la norme. Deux semaines plus tard, j'avais retrouvé un emploi toute seule, bien que mes compétences variées et mon profil de senior ne rentrent dans aucune des cases à cocher.

J'étais donc devenue malade, la prise de sang avait bien confirmé la présence des marqueurs du cancer du sein, j'étais rassurée, tout était cohérent : les images des tumeurs, les analyses biologiques, tout concordait, c'était bien un cancer ou *des* cancers. Pas d'erreur, ce n'était pas un rhume.

Pendant cette période de diagnostics, j'avais aussi pu expérimenter *in vivo* le statut du patient, que trop de soignants oublient de traiter comme une personne. Je pense m'attarder encore sur la famille très particulière du personnel d'imagerie médicale. Je ne sais pas si c'est une secte ou si cela tient à leur formation, mais ils/elles sont, de loin, presque à égalité avec les anesthésistes, les personnes les plus maltraitantes et hermétiques à l'humanité des patients. Pour les anesthésistes, j'avais eu d'autres expériences de dérives : ces gens-là, à force de jouer à Dieu en nous endormant et en nous ramenant parmi les vivants, perdent parfois le sens de la bientraitance. Je ne généralise pas, mais, selon les personnalités et selon les services où ils exercent, il existe des cas exemplaires d'humains asociaux et dysfonctionnels qui ne devraient pas être en contact avec des malades en situation de fragilité et d'insécurité. J'ai aussi rencontré des anesthésistes formidables, qui avaient une véritable démarche bienveillante. Ceux-là travaillaient le plus souvent sur le traitement de la douleur et les soins palliatifs. Je ne prétends pas avoir mené une étude exhaustive et n'en ai nullement l'intention dans mon parcours de malade. Je revendique ma subjectivité.

Le mois des diagnostics est essentiellement celui de l'angoisse, mais aussi le mois de l'annonce d'une naissance à venir au foyer d'un de mes enfants. Les sentiments éprouvés ce mois-là : peur, joie, bonheur, colère, déception, gratitude, amour, frustration, inquiétude, le tout en cycles rapides et successifs, accompagnés de larmes et de quelques fous rires. Je pense que cela présage de la suite de mon programme thérapeutique – ou que mon état mental se dégrade. Sur ce dernier point, je laisse le diagnostic aux professionnels.

Examens subis : mammographie, échographie, IRM, PET-scan, scintigraphie, prises de sang, biopsies, radiographie.

Je classe cette période dans le chapitre *pénible*, une période où le cerveau ne s'arrête jamais de fonctionner, celle où l'on doit prendre des décisions, celle où l'on déstabilise tout son environnement avec son cancer. Celle où les véritables liens se resserrent, et où les prémices du ménage relationnel s'annoncent. Le cancer, c'est une tornade : ça aspire tout et *disperse façon puzzle* au gré des chutes. Le cancer, comme toute maladie potentiellement mortelle, peut devenir l'occasion de garder le contrôle de sa vie : parfois, c'est la dernière occasion avant le lâcher-prise final. C'est le moment de dire non, de poser les limites, tout en sachant que l'on pourra toujours changer d'avis – enfin, presque toujours.

Bien sûr, refuser de subir demande une bonne dose d'énergie, et cette dépense énorme au bilan cancer, tu as intérêt à la provisionner dans la colonne adéquate, parce que, chérie, tu vas payer, et cher ! Donc, si tu n'as pas prévu, si tu as fait ta cigale et que tu ne disposes pas d'une carte Premium énergie, il va falloir être inventive pour recharger les piles.

Côté fioul, j'ai choisi amour, cuisine et colère. En réalité, je n'ai pas choisi. Ça s'est imposé.

L'amour des miens, de la cellule familiale – mon jules, mes enfants et leurs compagnes et compagnon, mes petits-enfants et quelques amis qui se sont révélés très proches tout en étant parfois loin. Les autres ont disparu des radars très vite, effrayés. La plupart des femmes de ma famille, celles de ma génération, ont gardé un silence qui m'a blessée durablement. Leur crainte d'être elles aussi atteintes, un jour, selon toute probabilité, a pris le pas sur les convenances, et sans même prétendre être inquiètes ou émues, elles ont fui dans un silence assourdissant. Les femmes de la génération de mes enfants, leurs amies ou les miennes, celles que j'avais connues lorsqu'elles étaient enfants ou adolescentes, celles que j'ai rencontrées étudiantes devenues trentenaires, et parfois déjà mères, se sont révélées inquiètes, prévenantes, attentives, et leur amitié reste précieuse.

La cuisine, que j'adore, est devenue une autre addiction, peut-être parce que cette activité me permet de mettre un peu mon cerveau au repos. La réalisation de recettes, dans le calme et la solitude, est une thérapie comme une autre, une béquille pour tenter de stabiliser le tangage.

La colère, je la connaissais. Nous nous fréquentons assidûment et, d'ordinaire, j'arrive à la transformer en énergie positive et à la diriger – comme Cyclope dans *X-men* – pour des combats constructifs. Mais ces derniers temps, cette colère me transforme plutôt en Hulk, la couleur verte en moins. Contre toute attente, j'ai bonne mine. Un cancer, mais bonne mine.

La dernière séance

Je suis attendue dans le service de chirurgie le lundi 19 août en début d'après-midi, la veille de l'opération. Il reste une dernière procédure dans la longue série des examens préopératoires : le marquage des ganglions sentinelles. Mon mari m'accompagne pour mon installation. Les aides-soignantes et les infirmières du service de chirurgie sont charmantes. Elles sont déconcertées par mon attitude légère, trop habituées aux angoisses non maîtrisées et bien compréhensibles de la majorité des patientes. Je suis de très bonne humeur, soulagée d'enfin aborder cette étape cruciale, mais ne sous-évaluant pas ce qui va se passer le lendemain.

Après la longue période d'attente, ma décision de mastectomie devient réalité, et le chirurgien va me débarrasser de mes deux seins, et avec un peu de chance de l'ensemble des tumeurs. Il reste encore des inconnues qui ne seront levées qu'au bloc opératoire. Les ganglions sont-ils atteints ? Le cancer, s'il n'a pas formé de métastases à distance dont la taille est indécelable à l'imagerie, se propage-t-il néanmoins ?

Pour moi, cette opération n'est pas une mutilation, pas une amputation non plus. Je pense que c'est lié à mon âge. Je connais aussi des femmes, quel que soit leur âge, qui se sentent atteintes dans leur féminité, et qui adoptent une prothèse parce qu'elles souhaitent préserver leur image. Pour elles, c'est une question de dignité. Pour moi, c'est une autre histoire.

Au commencement, ils se sont pointés lorsque j'avais à peine dix ans, très vite, trop vite, ils ont pris de la place, trop de place. Je n'arrivais plus à les ranger et, pour une fois, mon gène du bordel n'y était pour rien.

Je les ai mis dans la boîte A, puis la B, puis la C, et finalement à D, ils se sont sentis chez eux. Des boîtes avec armatures et bretelles larges, parce que ces deux crétins pesaient lourds sur mes épaules.

Mes frères se moquaient de cette avancée disproportionnée. Je continuais l'équitation et le tennis, avec de nouvelles sensations – ça tanguait un peu, ça faisait mal.

Un jour, un hongre de mauvaise humeur mordit à pleines dents dans l'un des deux. Il se prit mon poing dans le naseau ; je n'aime pas trop qu'on vienne croquer à ma table sans y être invité. Une cousine avait déjà connu de tels déboires. Les hongres ont-ils comme curieuse manie de mordre les gros seins comme les marins celle de faire des phrases[1] ?

Les regards des hommes se faisaient plus insistants. J'avais treize ans, je mis du gras autour pour masquer. Autant l'avouer : ça ne fonctionna pas. Ma mère me mit au régime et développa une fixation sur mon poids. Ma vie était rythmée par les consultations de charlatans, nutritionnistes diplômés et régimes de tout poil. Je m'en foutais et mangeais en douce.

Le temps passa, je me mariai, eut un enfant, et les deux nigauds passèrent à la boîte F, puis G avec la montée de lait.

Les sages-femmes et autres puéricultrices me convainquirent de nourrir cette petite fille avec mon bon lait. Là, ce fut le point de rupture : les deux salopards produisaient à échelle industrielle, la petite ne pouvait pas tout consommer, et je nourrissais donc la moitié des prématurés du département grâce au ramassage du lait par le lactarium de l'hôpital. Cela dura pendant un mois plein. J'étais devenue une vache, je tirais, je pompais, et je n'en pouvais plus. Trente jours plus tard, je décrétai l'embargo sur le lait. Rien ni personne ne me fit changer d'avis. J'avais vingt ans et d'autres ambitions que celle de devenir une sous-traitante de Danone.

---

1. L'auteure remercie Francis Blanche et Michel Audiard pour son inspiration, et vous conseille de voir ou revoir *Les Tontons flingueurs*.

On rendit les accessoires de pompage et de stockage à la laiterie, et je rangeai les deux compères dans une boîte E.

Vinrent les enfants suivants, privés du bon lait par la magie de la chimie, et je perdis aussi le gras accumulé. Robert et Robert ou Caïn et Abel, attirés par la pesanteur, se rapprochèrent de la chute finale. Je les rangeais, les ignorais, tout en les palpant régulièrement.

L'âge passant, la mode et la confiance aidant, je les mis en valeur bien harnachés à mes épaules douloureuses. J'eus droit au Cat call jusqu'à ces derniers jours. Le Cat call, c'est ce que l'on appelle en France le harcèlement de rue. Oui, même lorsque l'on a cinquante-trois ans, il y a des dégénérés pour être attirés par les seins volumineux d'une femme pré-ménopausée. Je ne suis pas du genre timide et j'ai quelques heures de vol, donc les remarques, j'y répondais, et les détenteurs de mains baladeuses se sont souvent heurtés à mes genoux. L'assurance de l'âge sans doute, et une longue pratique du coup de genou enseigné par mes frères.

Après plus de quarante années de services assez déloyaux, j'ai signé la mise à la retraite de mes deux seins grâce à l'intervention de mon cancer. Le chirurgien viendra les chercher pour la casse et pour analyse préalable à un rangement dans une collection. Après les archives papier, je rejoindrai en tranches la tumorothèque pour une gloire éternelle.

Je ne leur ai pas dit adieu. J'ai pensé au repos de mon dos, au soulagement de mes épaules, et au vide de mes robes décolletées qu'il faudrait retoucher.

Me voilà hospitalisée, à la veille de devenir la Tony Montana du thorax, future balafrée en attente d'une nouvelle carrière.

Un brancardier sans brancard vient me chercher pour une injection de plus, un produit radioactif de plus à éliminer. Cette injection permet de localiser le ou les ganglions que le chirurgien prélèvera lors de l'opération afin de déterminer s'il y a eu propagation ou non de la maladie vers les ganglions lymphatiques de l'aisselle. Dans mon cas, on a une petite idée qu'à droite il se prépare une invasion, mais l'aisselle gauche reste une terre inconnue.

L'injection est cette fois pratiquée par un interne en radiologie. Il pique dans le sein, au niveau de l'aréole, en présence d'un junior tout frais. Nous sommes un lundi, et les nouveaux prennent leurs fonctions. Le produit injecté doit se diffuser *via* les canaux lymphatiques, jusqu'aux ganglions appelés « sentinelles », qui sont les premiers ganglions qui drainent le sein.

Je suis assez pressée de remonter dans ma chambre. J'attends la visite de deux jeunes amies connues sur Twitter, qui ont tenu à venir me voir aujourd'hui. Elles ont l'âge de mes enfants et font partie d'un petit groupe de jeunes femmes avec lesquelles j'ai tissé des liens qui, depuis la maladie, se sont renforcés.

Le chirurgien faisant sa visite du soir, il interrompt le joyeux bordel qui règne dans la chambre. Il croit qu'il s'agit de mes filles, mais je lui réponds que je n'ai adopté celles-là qu'à temps partiel. Elles patientent dans le couloir pendant qu'il m'explique le programme du lendemain. Il me répète ce qui est prévu et annonce un temps opératoire assez long. Assez long, c'est un peu comme le temps de refroidissement d'un canon – variable. J'en déduis que je ne passerai pas au bloc la première. Comme il va falloir rester à jeun, je ne peux qu'espérer que cela ne traînera pas trop. Les filles reviennent brièvement pour un au revoir et prononcent des souhaits de toutes sortes. Je descends avec elles pour fumer une cigarette. Nous nous étreignons une dernière fois, je dis une dernière bêtise.

Mon mari m'apporte à dîner. Les enfants téléphonent, j'ai une bonne voix.

J'ai pour instruction de me doucher avec de la Bétadine avant de me coucher, et *idem* le lendemain avant d'enfiler la tenue du bloc : un pyjama en non-tissé vert et des bas de contention pour favoriser le retour veineux du bas du corps, et éviter une phlébite suivie d'une embolie pulmonaire ou d'un accident vasculaire cérébral. Le risque idiot, mourir d'un caillot baladeur.

Mon mari parti, je passe la soirée à papoter sur les réseaux sociaux, avec le personnel soignant, et à échanger des textos avec la famille. J'interroge les infirmières et aides-soignantes du service sur la façon dont elles vivent ce qui se passe ici, alors qu'elles sont majoritairement jeunes, et qu'elles ont à soigner des femmes de tous âges, dont le leur, atteintes de formes plus ou moins avancées et agressives de cancers.

L'une d'elles me répond en rigolant *Quand on rentre chez nous, on passe la soirée à se palper !* Elles m'interrogent aussi, trouvant mon attitude décalée et atypique. J'explique le choix de la chirurgie radicale. Elles comprennent. *Nous voyons des femmes une première fois pour une tumeur ; elles reviennent pour une mastectomie d'un sein, et parfois elles reviennent encore pour le second. Vous avez raison de tout enlever.*

Je descends fumer une dernière cigarette dans la douceur de ce mois d'août. Je suis calme.

Après la douche et parfumée à la Bétadine, j'avale un somnifère.

Je garde l'inhalateur de nicotine pour le matin au réveil.

La nuit est assez moyenne, mais pas pire que les précédentes.

Je manque d'air.

Les fenêtres du Centre Léon-Bérard ne s'ouvrent pas, pour préserver la qualité de l'air intérieur.

Ma campagne me manque déjà. Je ne traînerai pas dans ce lit.

L'attente du matin n'est pas si longue. Au bloc où j'arrive à pied, on me pose les questions de sécurité usuelles, on vérifie mon identité et l'objet de l'intervention programmée. Puis les infirmières m'installent dans une salle *high tech* toute neuve, avec des écrans HD aux murs pour visualiser les dossiers patients, du matériel d'imagerie, et plein d'autres trucs que je n'ai pas le temps d'identifier. Le personnel de bloc est chaleureux, et bienveillant.

Le chirurgien ne tarde pas à venir me saluer, déjà masqué et accompagné de son interne. Quatre mains pour mes deux seins, ce ne sera pas de trop. L'infirmière anesthésiste tente de mettre en place une perfusion, mes veines font de la résistance. L'anesthésiste, qui surveille deux blocs, vient à la rescousse. C'est une femme aussi. Elle pique, et tout rentre dans l'ordre. On me sangle les bras en croix, puis on me met une couverture chauffante. Les lombaires calées, je suis bien installée. Incorrigible, je pense à cette scène de *La Vie de Brian*, un film des Monty Python, où Jésus crucifié chante *Looking on the bright side of life*. Je sais que le confort se dégradera une fois endormie.

Ça s'agite très sérieusement autour de moi, et quand le chirurgien est prêt, on m'envoie rêver ailleurs. Je visualise le lac et notre journée parfaite en comptant jusqu'à deux avant de les laisser travailler en paix.

La bonne nouvelle, c'est qu'ils m'ont réveillée. Sans caillot baladeur.

La fin de la journée de mardi est confuse – grâce à la pompe à morphine et aux restes de la narcose. Un peu de nausées, mais bien moins qu'au réveil de mon appendicectomie, quand j'avais sept ans. Les progrès de la chimie fine…

Je me lève en fin de journée pour aller aux toilettes. Une expédition de deux mètres cinquante. Un Himalaya personnel, avec sherpas en blouse blanche et chaise à portée de main. Mon thorax est emballé dans un pansement compressif d'où sortent quatre tuyaux reliés à des bouteilles accrochées au lit. Du sang et de la lymphe remplissent les bouteilles, témoins de la boucherie du bloc. Avant tout mouvement, il faut décrocher les bouteilles, les accrocher aux potences – sans tirer sur les tuyaux, merci. S'asseoir, sans trop tirer sur les bras qui me font un mal de chien.

L'avantage de la chirurgie du thorax comparée à celle de l'abdomen, c'est que l'on marche bien vertical, en théorie. Mais mes lombaires ayant décidé que la table du bloc, finalement, ne vaut pas une bonne literie, je penche un peu vers l'avant ce premier soir. Pas vraiment l'effet culbuto que je craignais avant l'ablation de mes seins, mais, quand même, il va falloir remédier à cette situation.

La nuit n'est pas terrible non plus, mais rien que du prévisible. Les bras en surélévation et calés par des blocs de mousse plastifiés et habillés de taies de traversin, je tente de dormir un peu. L'infirmière vient régulièrement vérifier le niveau des bouteilles et de la perfusion, et mon niveau de douleurs. Au petit matin, je demande qu'on enlève la pompe à morphine que je n'active plus. Quelques heures plus tard, je demande un comprimé de morphine, qu'on me donne, puis on passe au paracétamol.

Il est encore tôt lorsque je reçois la visite surprise de la jeune et jolie radiologue, qui m'apporte un lapin en peluche. C'est un clin d'œil à mon IRM; lorsque j'avais vu l'image formée par mon buste et mes seins, j'avais fait une petite blague. Je ris, donc – j'ai mal. Cette visite impromptue me fait très plaisir, ce n'est pas habituel. Nous bavardons un peu. Elle doit prendre son service mais tenait à venir me dire au revoir. Elle quitte le CLB à la fin du mois pour une année aux Antilles, avant de s'installer ailleurs. Fini le cancer pour elle. Je lui souhaite bonne chance, la remercie pour sa visite. Le lapin sera pour mes petits-enfants.

Après la toilette du matin – un grand moment de rigolade et de bricolage grâce à l'aide-soignante et à un tabouret bien placé –, je peux rincer mes cheveux de la Bétadine, et enfiler un pantalon léger sous la blouse propre d'hôpital. Une sortie à l'air frais est donc envisageable sans montrer ma culotte.

Le chirurgien est déjà passé la veille au soir me faire le compte rendu des travaux; il revient, je lui demande de répéter ce qu'il a déjà dit la veille, parce que je n'ai pas tout retenu… Brumeuse et pas encore reconnectée à cent pour cent, je suis excusée.

Il a donc découpé les deux seins comme prévu selon les pointillés qu'il avait dessinés au feutre. À gauche, le ganglion sentinelle est négatif; il n'a donc pas fait de curage axillaire – enfin, il a gratté *à peine.* Là, j'ai un doute sur l'usage de l'expression *à peine* en chirurgie. Je vous ai *à peine* ouvert d'un bras à l'autre, vous avez *à peine* un cancer, pendant l'intervention votre cœur s'est *à peine* arrêté, on a dû vous mettre sous respiration artificielle, *à peine.*

À droite, en revanche, l'infiltration de l'aisselle est bien profonde et bien cancéreuse, confirmée par un examen pendant l'opération, examen dit *extemporané. Extemporané,* c'est ce moment où les chirurgiens posent un morceau de bidoche dans un haricot en inox et envoient le tout au labo pour qu'on leur précise la nature des tissus du machin. Pendant ce temps, ils boivent un café, sortent fumer, ou continuent à découper une autre partie de votre anatomie.

Le machin est bien un carcinome lobulaire infiltrant.

L'infiltration est importante et, en prime, elle s'étend sur la veine axillaire et envahit le plexus brachial. Le chirurgien n'a pas pu, pas voulu l'enlever en totalité. Le risque était trop important de sectionner au choix : des nerfs, une artère ou une veine. Et il n'a pas souhaité me laisser avec un bras paralysé au mieux, ni des neuropathies aiguës, ou les deux.

J'ai pensé *Mesure ta chance, t'as deux bras, t'auras droit à du chocolat.*

Je mets quelques minutes à intégrer cette nouvelle. Je le remercie quand même pour le bras droit. Je ne suis que gratitude et amabilité – je dois encore être sous l'influence des drogues.

Mon mari arrive, je lui fais un compte rendu fidèle et je décrète qu'il est l'heure de fumer. La nouvelle de la tumeur sous le bras occupe mes pensées, mais il faut d'abord organiser mon levage et la sortie de la chambre. Il m'aide à récolter les bouteilles, j'enfile des chaussons, une chemise de pyjama d'homme – avec des poches pour le téléphone, les cigarettes et le briquet. Le chic hospitalier. Ma potence de perfusion dans une main, les bouteilles dans un sac plastique opaque de l'autre, nous tentons enfin la sortie du service et l'accès à l'ascenseur. Échec : j'ai la tête qui tourne, et au premier fauteuil du couloir je m'assieds, vaincue. Je respire et retourne frustrée dans la chambre. Il se marre mais ne dit rien. Il m'aide à me recoucher sur le lit, on recale les bras en l'air.

Un paracétamol et quelques coups de fil des enfants plus tard, deuxième tentative, arrivée à l'ascenseur, victoire : la sortie est en vue. Je m'assieds sur un banc et, en bonne droguée consciencieuse, je fume deux cigarettes qui me procurent plus de plaisir que l'inhalateur. Nous reparlons du compte rendu et de mon plexus. Nous tentons la remontée. Il me devance un peu pour bloquer l'ascenseur, mais pas trop, au cas où un soutien s'avérerait nécessaire, je refuse le fauteuil roulant stationné dans le hall, j'arrive doucement à rejoindre l'ascenseur, le couloir et, enfin, mon lit.

Cela fait vingt-quatre heures que je suis remontée du bloc et je ne pense déjà qu'à rentrer chez moi. Le soir, l'interne passe. Je le questionne sur les suites opératoires, il esquive. Je demande qu'on m'enlève la perfusion, puisque aucun médicament ne m'est prescrit. L'infirmière vient m'en libérer, mais laisse un cathéter branché par sécurité. Adieu, la potence. Il reste le sac et les bouteilles à trimbaler.

Les infirmières et les aides-soignantes sont toujours aussi efficaces. Les drains commencent à moins produire, mais elles changent les bouteilles et notent scrupuleusement le débit. L'objectif, pour obtenir un bon de sortie, est d'en réduire le nombre à deux. Pour cela, il faudrait que le flux se réduise encore.

L'une des aides-soignantes propose de me masser le dos. J'accepte, et elle dénoue doucement les tensions. Bingo : je me mets à pleurer. Ce ne sont pas des larmes de tristesse, non, c'est le stress, les nouvelles, la tumeur qui reste bien au chaud sous mon bras, les effets de la chirurgie, six heures de bloc opératoire, les douleurs dans les bras. Le risque d'apparition d'un lymphœdème du bras droit est élevé après l'ablation des ganglions et de la tumeur ; à gauche, en théorie et selon les statistiques que j'ai consultées, j'ai plus de chance d'y échapper. J'essaie de comprendre le risque de l'infiltration sous le bras. J'appelle mon généraliste.

J'arrive à aller seule jusqu'à la salle de bains – lavabo, toilettes, lavabo. Un point de plus vers l'objectif du bon de sortie. Je sèche mes larmes bien avant le retour de mon mari. Il m'apporte de nouveau un dîner gourmand. Le plateau de l'hôpital n'est pas atroce, mais la présentation est peu appétissante. Je le raccompagne dehors à la nuit tombée et reste avec d'autres patients à fumer. Heidi n'avait pas totalement tort, mais ma consommation a diminué de moitié.

Je remonte dans la chambre, somnifère et calage de bras. Paracétamol dans la nuit. Demain, je demande à rentrer chez moi.

Ce matin-là, au programme, j'ai une négociation de la plus haute importance à mener : mon rapatriement à la maison. L'infirmière du village est prévenue de mon retour imminent, et je dois juste lui donner l'heure de mon arrivée pour que l'on s'organise.

Je me suis réveillée bien avant l'heure du départ de l'infirmière de nuit, et j'ai assisté depuis le banc extérieur à l'arrivée du personnel du matin à six heures. La cafétéria n'ouvre pas si tôt, donc pas d'expresso tout de suite. Je tente la toilette seule, c'est un peu présomptueux. Retour au lit en attendant le plateau du petit déjeuner. Je surveille les bouteilles des drains et je suis optimiste sur la négociation à venir. Tout dépendra de l'ouverture des pansements et de l'état des cicatrices – que je n'ai pas encore vues.

Le chirurgien (accompagné de l'interne et de l'externe, ainsi que d'une cadre infirmière – c'est un peu la foire aux bestiaux, et moi, pour changer, je suis la vache, mais cette fois sans les pis) qui vient ce matin pour la visite guidée n'est pas le mien, qui doit être pris ailleurs. Aucune importance. Avant même l'ouverture des pansements, j'annonce la couleur. *Je veux rentrer chez moi aujourd'hui.* Ça, c'est ce que je pense, mais je formule la phrase bien plus poliment pour augmenter mes chances et aussi parce que j'ai été bien élevée. *Mais, Madame, nous ne sommes même pas à J+2 ! Laissez-moi regarder vos cicatrices…* On s'affaire autour de moi, ciseaux pour l'Elastoplast, et, délicatement, quelqu'un écarte les pansements. Je demande un miroir, affolement dans les troupes. Je veux voir mon buste.

Pendant ce temps, le chirurgien m'examine – les bras, le thorax –, il lit la fiche – pas de fièvre, plus de morphine. Deux bouteilles sont presque vides. Je demande si on peut retirer les tuyaux correspondants. Je plaide en faisant valoir que j'ai déjà prévu les soins infirmiers à domicile, que mon lit sera meilleur, que je ne serai pas seule les prochains jours, et que je vis à la campagne, mais pas trop loin pour revenir en cas de besoin, que j'ai un médecin traitant dévoué, et j'omets de préciser qu'il exerce à cinquante kilomètres de chez moi. Il réfléchit et déclare qu'il doit demander à son collègue dont je suis la patiente.

Il sort de la chambre. Je l'entends téléphoner à mon chirurgien, qui n'est donc pas au bloc. Il l'informe. L'autre doit répondre que, sur le principe, c'est possible, mais qu'il repassera me voir dans la matinée avant de m'autoriser à sortir. Retour dans la chambre, j'interprète la réponse comme un accord. Il reste à refaire le pansement et à enlever les deux tuyaux. J'en garderai deux, avec les bouteilles, et mon infirmière se chargera de la surveillance et d'enlever les drains quand il sera temps. Je remercie, il ressort.

Pendant que les infirmières préparent le matériel pour refaire le pansement, je préviens mon mari du début de l'opération *retour à la maison.* Je ne rentre pas en ambulance, mais dans notre voiture.

Le miroir arrive, je sens les regards de l'infirmière et de l'aide-soignante, qui me disent *Allez, courage!* Et *Vous n'êtes pas obligée…* Je m'attends à ce que je découvre : deux cicatrices avec encore des hématomes bleus tirant vers le noir et bien grands sur l'extérieur de la paroi thoracique. Des points de suture au fil noir épais et solide noués serrés pour maintenir la peau. Je suppute qu'il y en a une autre série en dessous, en fil résorbable. Les cicatrices forment deux lignes brisées qui partent de sous l'avant-bras et s'interrompent au niveau de ce qui était la séparation de mes seins. Cela ressemble plus à une rangée de fils barbelés posés sur la ligne bleue des Vosges qu'à une ligne courbe et fine, mais nous ne sommes que le deuxième jour. Il y a deux petits monts très disgracieux au centre de mon thorax, du gras laissé en souvenir, et les points d'arrêt des sutures en sous-cutané. Comme tout est encore très enflé, je n'arrive pas à évaluer si le chirurgien a bien enlevé le bourrelet sous le bras. Je ne touche à rien, mes mains ne sont pas propres. Je n'aime pas les finitions. J'ai encore l'espoir que les tissus se tasseront, sans trop y croire.

Je regarde encore une fois l'ensemble, j'imagine la réaction de mon mari, et je décide qu'il est beaucoup trop tôt pour partager ces cicatrices avec qui que ce soit si ce n'est le personnel soignant. Voilà, j'ai le torse plat ou presque, et cela restera ainsi. Pas de prothèse dans le soutien-gorge.

Avant que les infirmières ne changent le pansement, je leur demande si elles peuvent me frictionner le dos là où l'Elastoplast me gratte. Elles constatent alors que je fais une allergie à la colle. Elles nettoient les résidus et cherchent un bandage de remplacement.

Il est temps de retirer deux des tuyaux qui sortent de mon thorax et qui sont suturés sur ma peau pour ne pas bouger, ce que je ne voyais pas avec le pansement. Désinfection. *Inspirez, expirez,* et zou, l'infirmière tire vingt centimètres ou presque de plastique perforé de petits trous pour l'aspiration vers les bouteilles où le vide d'air fait fonction d'aspirateur.

On recommence pour le deuxième. Désinfection, la Bétadine sans économie, le rouge pour laver, le sérum physiologique pour rincer, la Bétadine jaune encore et toujours. Elles m'expliquent toute la procédure pour l'infirmière qui viendra me prodiguer des soins à la maison. Elles n'économisent pas sur l'épaisseur des compresses, et le bandage donne une illusion de volume, comme si je portais un soutien-gorge de sport, mais avec nettement moins de contenu qu'auparavant. Rien ne déborde, tout est calé, compressé pour optimiser la cicatrisation et la circulation de la lymphe. C'est au tour des pansements des bras et des aisselles. Tout est refermé.

À ce moment, mon chirurgien fait un passage rapide. Il accepte ma sortie. La cadre infirmière me donnera tous les papiers, ordonnances et consignes écrites pour l'infirmière ; lui me reverra d'ici trois semaines, lorsque les résultats de l'analyse complète de mes seins et de l'infiltration du plexus seront connus. Il me parle du risque d'apparition d'un lymphocèle à la suite du retrait des deux drains de Redon. Il s'agit d'un gonflement consécutif à l'accumulation de la lymphe. Au cas où cela surviendrait, il me conseille de venir en consultation pour une ponction, si cela devient douloureux. Comme je repars avec encore deux drains, je ne dois pas m'inquiéter dans l'immédiat, mais il faudra surveiller avec l'infirmière à domicile.

Il me parle également des paresthésies, ces décharges électriques qui risquent d'apparaître à la suite du curage axillaire, du manque de sensibilité en surface, mais que le temps devrait résoudre. Plus ou moins rapidement. Il mentionne des parésies susceptibles d'être transitoires. Je demande une explication : il s'agit de limitations de mouvement et/ou de diminutions de la force musculaire. Dans mon cas, ce sont les bras. Il insiste sur les précautions à prendre avec le bras droit. Plus de prise de sang, pas de prise de tension, pas de piqûre, pas de coupure ni de manucure. Tout est clair ou presque. On se dit au revoir, je n'ai pas de compte rendu opératoire, ni chirurgical ni de l'anesthésiste.

Mon mari est en route. Je n'ai rien le droit de porter dans l'immédiat. Il va ranger mes affaires, me choisir des vêtements faciles à enfiler et d'où l'on peut faire sortir les tuyaux des bouteilles rangées dans un sac. Il apporte le matériel pour caler mes bras et m'épargner des douleurs supplémentaires sur la zone des cicatrices. J'ai interdiction de faire le ménage, interdiction de faire quoi que ce soit. Repos est le mot d'ordre. Une aide-soignante me donne des prothèses de seins en mousse, au cas où je changerais d'avis. Je la remercie sans y croire et j'embarque les sachets sans en regarder le contenu.

Fragile

Après avoir attendu le feu vert de la cadre infirmière, nous attendons les documents de sortie dans le couloir lorsque je *la* vois de nouveau.

Nous nous étions croisées la veille de l'intervention chirurgicale – même chirurgien, même service, même date d'entrée. Assise sur une chaise à l'entrée du service, elle attendait avec sa maman qui faisait les cent pas et se tordait les mains. Si cela avait été ma fille, je pense que je me serais aussi tordu les mains, ou plus probablement que j'aurais hurlé pour qu'on ne la laisse pas attendre. Je lui donnais l'âge d'une de mes filles, environ vingt-cinq ans. Si elle était là, livide, angoissée, et regardant plus ses pieds qu'autre chose, c'était parce que l'idée de se faire opérer de ses seins, que je supposais jolis et fermes, la terrorisait.

Je voyais la mère tenter de capter l'attention des infirmières qui étaient en pause-café/réunion.

La mère arpentait le couloir avec ses sandales à talons qui claquaient sur le linoléum.

Nous attendions nos chambres, je blaguais encore à voix basse avec mon mari, et puis un brancardier est venu me chercher pour le marquage des ganglions en médecine nucléaire. Je suis partie à pied. Mon mari s'est occupé d'installer mes affaires en mon absence.

Un peu plus tard, elle est arrivée à son tour dans le second bâtiment. Je m'en allais, elle arrivait. Un sourire, deux mots. Je ne l'ai pas croisée après l'opération, ni dans les couloirs ni dehors sous l'auvent d'entrée de l'hôpital où je prenais l'air en fumant. J'ai entendu les sandales de sa mère dans les couloirs.

Son père et un adolescent l'accompagnaient ce matin. Je lui ai parlé doucement, faisant la brave sans mes seins, portant mes bouteilles et mes tuyaux dans un sac, prête à rentrer chez moi. J'ai tenté de la réconforter. C'était un peu stupide. De quel droit m'immisçais-je dans sa vie ? Mais c'était plus fort que moi. Le père a souri. Elle a esquissé un semblant de sourire. Elle aurait dû porter une étiquette *Handle with care*, à manipuler avec précaution. En la quittant et en me dirigeant vers la voiture, je relativisai ce qui m'arrivait. Cette jeune femme que je ne connaissais pas m'émouvait au-delà du raisonnable.

Dans la voiture, il nous faut bien dix minutes pour me caler dans une position à peu près confortable. À la différence du trajet retour vingt ans plus tôt, après la chirurgie de l'utérus, il n'y aura pas d'enfants à l'arrivée qui demanderont pourquoi Maman reste couchée toute la journée. Je suis heureuse de rentrer, soulagée. L'étape est franchie. Je ne sais pas si c'est un succès, mais c'est fait. J'appelle l'infirmière pour la prévenir de mon retour.

Mon chauffeur, attentionné et inquiet, conduit doucement sur le chemin vicinal. Il faut éviter les chocs intempestifs dus au revêtement inégal de la route et aux trous qui, d'habitude, ne nous gênent pas. Je suis partie à peine trois jours, mais je retrouve comme d'habitude avec plaisir les éléments de mon environnement – vaches, chevaux, maïs et forêt.

À peine arrivée à la maison, je demande à être photographiée debout dehors, pour que les enfants soient rassurés. Madame bonne mine au soleil. On ne voit pas les bouteilles reliées aux tuyaux sur la photo bien cadrée. Puis, après un déjeuner rapide à table, installation des bras en surélévation au lit. Je suis épuisée. Monsieur va à la pharmacie compléter le stock des produits prescrits. La table que nous avons installée dans notre chambre déborde déjà de mon dossier médical, des pansements, bandages, désinfectants et médicaments divers. Viennent s'y ajouter un stock de bouteilles pour les drains, un flacon taille XXL de liquide désinfectant pour les mains. Nous sommes parés.

Le surlendemain, mes fils viennent de Paris se rendre compte *de visu* du changement physionomique et de ma relative bonne forme. J'opte pour une robe de chambre en soie, que je tiens de mon grand-père. Je porte une écharpe en coton léger, tout cela donne une illusion de volume. Il fait encore beau en cette fin août. Nous passons un peu de temps sur la terrasse au soleil. J'ai mon sac à bouteilles à la main, c'est très décoratif. Ils repartent rassurés, n'ayant vu que la partie supérieure de mon décolleté, libre de bandage. Le lundi, j'ai la visite de mon vieux papa et de mon frère.

Je suis incapable de rester assise plus de quelques minutes sans coussins pour mes bras.

Sésame, ouvre-toi !

Une semaine après mon retour à la maison, rien n'a bougé du côté de la Sécurité sociale. Je décide de m'adresser au directeur de la caisse de mon département pour tenter de faire avancer les choses. J'ai recueilli sur les réseaux sociaux de nombreux témoignages d'assurés, malades ou non, rencontrant des difficultés proches des miennes. Je passe à l'offensive en publiant sur mon blog une lettre au directeur, et en mettant en copie la ministre de la Santé. J'imagine qu'un membre de son cabinet va bien voir que cela bougeait sur Twitter. J'envoie la lettre par La Poste, et une copie par la plateforme Ameli.

Vingt-quatre heures plus tard, Twitter et Facebook ayant largement relayé ma lettre ouverte et grâce à l'intervention d'une bonne fée, mon dossier est miraculeusement en cours de régularisation.

Mon ALD[1] passe à cinq ans, comme le prévoit la loi, et mon médecin traitant est reconnu par la CPAM. Tout n'est pas encore gagné cependant. La facture de la mammographie et les consultations de mon généraliste, ayant été envoyées sous forme papier (en juillet), n'ont pas été enregistrées dans le système. Je ne désespère pas de l'ouverture du courrier et de l'effet du vent du boulet qui a soufflé dans les services de ma caisse d'assurance maladie. Les remboursements de pansements des biopsies et des premiers soins postopératoires, et ceux des produits de contraste de l'IRM et du scanner, ont été effectués auprès de mon pharmacien. Quoi qu'en disent mes enfants, qui trouvent souvent que j'en fais trop face à l'administration, quand tu hurles on t'écoute. Et Batman n'a qu'à bien se tenir pour faire régner la justice sociale.

Bémol de taille à mon succès déjà relatif : je n'ai toujours pas reçu de carte Vitale ou de formulaire de demande. J'ai donc dû remettre une couche *via* les réseaux sociaux pour que quatre mois après, enfin, la demande de mon sésame en plastique vert arrive à mon domicile.

Il y avait un banc devant le cimetière

Le terme *supportive care*, en anglais, est assez mal traduit par « soins de support » par les acteurs français du cancer. L'expression désigne l'ensemble des soins qui prennent en charge les conséquences,

1. Affection de longue durée.

pour le malade, d'un cancer et de ses traitements : douleurs, troubles alimentaires, problèmes sociaux, psychologiques [1]. La définition originale anglo-saxonne pourrait plutôt se résumer à : interventions visant à améliorer le confort des malades mais ne modifiant pas le cours de la maladie. Dans la réalité, l'organisation des soins de support dépend entièrement du niveau d'éducation thérapeutique du malade, de sa famille ou de son environnement social, mais aussi des acteurs de sa prise en charge médicale et sociale.

Le *care* anglais va bien au-delà du soin français. Le mot *care* sous-entend l'empathie et la bienveillance, et de cela, en France, il n'est point question dans la réalité. En théorie, les services de prise en charge à domicile devraient assurer le retour des patients chez eux dans des conditions optimales de sécurité et de confort. En pratique, c'est au malade et à ses proches d'organiser le retour.

J'ai prévu ce que le retour à la maison impliquait, et mon expérience en tant que malade et accompagnante m'a permis d'anticiper. Mon mari doit reprendre son activité professionnelle ; cela implique des absences, il les limite au maximum pour que je ne sois pas trop seule. Il me prépare des repas conformes à la diététique que j'ai décidé de suivre. J'ai un peu de mal à ouvrir le micro-ondes qui est en hauteur pour réchauffer mon assiette, j'essaie de ne pas trop forcer sur les points de suture des bras et des aisselles.

1. http://www.e-cancer.fr/moyenspouragir/html/soigner/les-soins-de-support.html

Mes journées sont rythmées par les soins infirmiers. Deux fois par jour, j'ai la visite d'une infirmière qui prend le temps de changer les pansements, de m'aider pour ma toilette au début, malgré la cotation ridicule des actes infirmiers. J'apprécie les deux femmes, qui se relaient sept jours sur sept et répondent présentes si une visite supplémentaire s'impose.

Mes enfants vivent loin de moi, et j'ai estimé, avec leur père, que leurs vies de famille et leurs vies professionnelles doivent passer avant mon confort quotidien. Ils ont pourtant tous proposé leurs services. Mais j'ai refusé en disant que nous verrons si, au moment de la chimiothérapie, je réévalue ma position. De manière assez prévisible, ils sont venus les uns après les autres dans les jours qui ont suivi mon retour de chirurgie. Ces visites ont été rassurantes pour tous ; j'étais toujours la même emmerdeuse, sans les seins, avec des pansements, au début avec mes bouteilles, mais j'étais toujours là.

Fatiguée, je tente de me remettre d'aplomb après les grands travaux sur mon thorax, les fouilles dans mon bras, les découpes des muscles de mon dos. Je n'ai toujours pas le compte rendu de l'intervention chirurgicale. Seules les cicatrices et les douleurs périphériques constituent des indices de ce que j'ai subi au bloc.

Comme je l'ai dit, les travaux ménagers me sont interdits, et mon époux est souvent absent. Quand il est là, il est vite dépassé, malgré ses efforts, par la conjugaison de mes besoins d'assistance dans les gestes de la vie quotidienne et de l'entretien de la maison. Je fais donc appel à une association d'aide à domicile. Sans entrer dans les détails, c'est un échec, et j'abandonne au bout de quelques semaines. J'embauche alors directement une jeune femme, quelques heures par semaine seulement, car nos moyens financiers sont limités, mais trop élevés pour obtenir une aide sociale.

Entre les week-ends de visite, les appels quotidiens des enfants meublent ma solitude. Nous parlons de sujets plus légers que mon cancer, qui néanmoins s'invite forcément mais trop dans la conversation. J'écris pour le blog, je dialogue sur les réseaux sociaux, je tente de dormir – sans grand succès.

Assez rapidement, l'infirmière retire les deux derniers drains et les bouteilles qui y étaient attachées. Mais, du coup, le lymphocèle redouté apparaît, et les points de suture commencent simultanément à montrer des signes de faiblesse par endroits, alors qu'à d'autres ils ont été retirés, car la zone est bien cicatrisée. Trop d'humidité.

Nous reprenons donc le chemin du CLB pour montrer les pansements à des internes dépassés par les événements. Une ponction par-ci, un changement supplémentaire de pansement par-là, je trouve que cela prend une mauvaise tournure. Les bords externes des deux côtés de mon thorax n'évoluent pas favorablement. Loin de là – Berezina à l'horizon…

Les infirmières qui me suivent à la maison constatent que ce que nous avons pris au début pour un hématome qui ne se résorbe pas est en fait une nécrose des tissus. Je commence à sentir la charogne. Au début, mon mari nie, puis il finit par l'admettre. Il ne me sent pas de trop près… Je prends des photos à chaque changement de pansement. À ce moment, je n'ai pas encore osé me montrer nue, et je ne lui ai même pas montré les photos. Mon corps pourrit et me dégoûte.

J'éprouve des sentiments mêlés de découragement et de colère. Je fais très attention à mon alimentation, choisissant des aliments propices à la cicatrisation, je fume peu, et pourtant ça dérape. Je n'ai pas de fièvre, pas de signe d'infection. C'est déjà un point positif. J'ai réussi à m'extraire de chez moi, je suis mon plan, je marche.

La première fois que je dépasse le portail, une dizaine de jours après mon opération, ma fille m'accompagne. Je marche comme une petite vieille, un peu voûtée, les épaules rentrées, ne sachant que faire de mes bras. Chaque pas est difficile. Pas de souffle, une fatigue incommensurable. Cent mètres après la maison, il y a un banc devant le cimetière. Je m'y assieds, vaincue. Après une pause, nous reprenons le chemin de la maison et de mon lit, non sans ironiser sur notre halte à mi-chemin entre les vivants et les morts. Ma fille comprend ce jour-là qu'une double mastectomie n'est pas une petite intervention. Elle est médusée et n'ose pas trop formuler ses inquiétudes. Je réitère l'effort, jour après jour. Il faut que je sorte malgré tout.

J'ai des difficultés à m'habiller. Les vêtements d'avant me serrent aux bras, car ceux-ci sont gonflés par la lymphe. Les chemises, les robes, les t-shirts pendent lamentablement sur mon décolleté vide. Je comble avec des écharpes, que j'abandonne rapidement, assumant assez vite le changement, mais les contractures et les douleurs m'empêchent de me redresser. Les trous dans les cicatrices sont un frein à la rééducation et à la kinésithérapie. Tout cela devra attendre.

Au début, je pensais que c'étaient les coutures de mon chemisier ou de mon t-shirt qui me gênaient sous les bras ; en fait, ce sont les cicatrices qui tirent. Les adhérences sont à l'œuvre, mais au moins, à ces endroits, c'est fermé.

Il est temps de retourner au CLB faire un état des lieux avec mon chirurgien, et pas seulement avec des internes. Il est temps de prendre connaissance des résultats des analyses des tumeurs, et de décider de la suite du plan de bataille. En théorie, la chimiothérapie doit commencer six semaines après la chirurgie. Pour moi, la date théorique est donc prévue au début du mois d'octobre.

Le 9 septembre, nouveau circuit accueil-étiquettes-salle d'attente. Depuis l'intervention, la zone de consultation a changé, mais l'attente moyenne reste la même – invariablement une à deux heures de retard, que ce soit pour les pansements ou, ce jour-là, pour la consultation avec le chirurgien. J'ai eu une explication à ce retard chronique : le logiciel d'agenda est paramétré pour une consultation toutes les vingt minutes, mais imaginons que celle-ci se révèle moins simple que prévu, imaginons que ça suinte, que ça nécrose, que la patiente pose des questions, imaginons qu'il soit question d'une annonce de traitement adjuvant ou d'une décision de chirurgie, imaginons que vingt minutes, c'est un peu court, trop court…

J'ai toujours bonne mine, et le fumet de charogne est sagement contenu par mes pansements. Je commence malgré tout à parfumer l'extérieur. Cela nourrit ma colère. *Colère et putréfaction* – cela pourrait faire un bon slogan, mais je n'ai rien à vendre.

La jeune fille fragile croisée en chirurgie arrive dans la salle d'attente quelques minutes après nous. Elle s'assied près de moi. Sa mère a le visage toujours aussi blême et est cernée, la jeune fille est toujours livide. Le monde est injuste. Le cancer est injuste. Nous avons rendez-vous l'une après l'autre. J'engage la conversation ; je ne change pas de nature, je suis sociable. Je prends de leurs nouvelles. Pas terribles. La jeune fille ne se remet pas bien de l'exérèse de sa tumeur, elle a mal supporté l'anesthésie, dort mal et me semble très déprimée. Elle gobe du Tramadol, un dérivé morphinique qui la rend nauséeuse. Je lui parle de son généraliste, je lui dis qu'il faut qu'elle parle à quelqu'un, et, m'adressant à sa mère, *Vous aussi, Madame.* Elle parle de la prochaine opération pour réduire son sein indemne. Je ne dis rien. Elle vient aussi chercher les résultats histologiques et découvrir quel serait son traitement. Des fois, je sais me taire. Des fois, les familles ne sont pas armées pour faire face. Nous attendons.

Le chirurgien finit par me faire entrer en salle d'examen. En quittant ma place, je lui dis au revoir, je bredouille quelques mots bienveillants en souriant, et j'entre dans le cabinet de consultation. J'ai oublié de lui demander son nom.

De cette consultation qui dure trop longtemps, je ressors avec la carte d'identité de mes cancers. J'en ai trois différents, qui se sont bien étendus dans mes seins. La tumeur sous le bras qui a été retirée partiellement pesait cent onze grammes. Elle appartient à la famille du carcinome lobulaire infiltrant. J'ai enfin le compte rendu opératoire. La rédaction en est assez sommaire. Pas de compte rendu de l'anesthésiste, et lorsque je risque *Comme ça a duré six heures, j'imagine que vous n'avez pas refermé, que vous avez confié ça à d'autres mains, et ça pourrait expliquer les problèmes ?* Silence.

Pour le chirurgien, le problème ne peut venir que de moi. Pour moi, la cause de la nécrose ne peut être seulement imputée à ma condition physique. Bref, nous ne sommes pas d'accord sur le sujet. Un rendez-vous pour une reprise de chirurgie est cependant programmé pour la semaine suivante. Je ne saute pas de joie, mais, cette fois, ce sera en ambulatoire.

Pendant la dizaine de jours qui nous sépare de cette nouvelle boucherie, la situation s'aggrave, malgré une nouvelle stratégie : le chirurgien a prescrit des mèches pour assécher les plaies, elles irritent plus qu'autre chose. Les infirmières à domicile sont très dubitatives sur ce protocole, mais nous sommes toutes les trois encore dans la compliance – en médecine, tout repose sur l'acceptation des directives et des traitements par le malade. L'observance des prescriptions thérapeutiques se heurte nécessairement à la compréhension et à l'adhésion du patient.

Ici, côté adhésion, j'expérimente plutôt les adhérences, et les prémices de la rébellion et du rejet sont en voie de formulation.

Je vous fais un ourlet simple ?

Je reprends donc le chemin du bloc opératoire. Je ne suis pas très enchantée. J'attends, à jeun, sur un lit étroit dans une salle commune du service de chirurgie ambulatoire. L'intimité se réduit à un paravent articulé trop étroit et pas assez haut. J'ai l'impression de faire un voyage dans le temps et de me retrouver au beau milieu des années cinquante (que je n'ai pas connues) pour ce qui est de l'hôtellerie hospitalière, qui tranche avec la modernité des équipements. Cette partie du bâtiment est en travaux. Peut-être cette salle commune n'est-elle que transitoire, mais je trouve cela dégradant et contraire à la dignité du patient. Où sont passés l'anonymat et le respect de la vie privée ?

Le CLB affiche une charte du patient – il s'agit de la version standard du ministère. Aucune mention supplémentaire, pas de charte de la bienveillance, comme c'est le cas dans d'autres établissements.

Finalement, on m'emmène en salle des retouches – au bloc. L'infirmier anesthésiste du jour est un modèle d'ours sympathique, son chef l'est beaucoup moins. Il a dû louper le rasoir de très loin depuis plusieurs jours, et l'amabilité n'est pas au menu. Comme il porte un masque, je ne sens pas son haleine, et je n'en suis pas fâchée.

Mon réveil est bien moins douloureux que la première fois. Normal : ce ne sont que des retouches, un peu comme des ourlets, mais sur ma peau. Au bloc, avant que je parte rejoindre Morphée, le chirurgien a fait un état des lieux et décidé de reprendre les deux côtés. Une si belle occasion, je ne dis pas non – en fait, je ne dis rien. Au réveil, les pansements sont moins importants, mais un drain et une bouteille me sont tout de même offerts en cadeau du côté gauche.

Après quelques heures d'attente sous surveillance dans la salle commune, la visite de l'interne, mon compte rendu d'anesthésie, et une nouvelle série d'ordonnances en main, j'obtiens mon bon de sortie, non sans avoir râlé sur les conditions d'hébergement et l'attente pour faire accélérer les choses. Je me dis que ce drain est bizarrement positionné sous mes côtes [1]. On ne m'a pas non plus donné d'explication pour cette nouvelle incision et pour les accessoires (drain, bouteille) positionnés loin de la zone de reprise chirurgicale. Je suis très en colère : la salle commune, l'absence d'informations, le fait d'être traitée à la chaîne comme un bœuf à l'abattoir – ça commence à faire beaucoup. Comme si le cancer et les risques associés ne suffisaient pas, il faut en plus gérer la frustration, l'humiliation et l'indignité.

Le paradoxe du chat à la tartine beurrée

Toute cette histoire de cicatrisation tourne mal. Et quand ça va mal, normalement, ça empire.

Edward Aloysius Murphy – pas le comique, l'ingénieur – a énoncé ce principe : *Anything that can go wrong, will go wrong.* En français : « Tout ce qui peut mal tourner va mal tourner. » Et ça, c'est sans

1. Plus tard, lorsque je lirai le compte rendu de cet épisode de chirurgie, j'apprendrai que le chirurgien a prélevé un morceau de muscle de mon abdomen pour le coudre sous les cicatrices ouvertes, comme un bout de tissu sous une broderie.

compter la loi de la tartine beurrée ni le paradoxe du chat à la tartine beurrée[1]…

Le premier soir après la reprise des cicatrices, rien à signaler. Là, sur le papier et selon mes expériences antérieures, tout doit se dérouler conformément au plan. On se couche, on se repose les bras en croix calés par des coussins, et on dort – et puis ça va mieux.

Premier matin : toujours rien à signaler. Et dans l'après-midi, j'ai les joues, le thorax et le cou rouges, la gorge qui pique. Monsieur, qui part en voyage, trouve que j'ai *bonne mine*. Un brin agacée, je réponds *Ben oui, je suis vermillon !* Et le soir, ayant bien ruminé et observé la progression des rougeurs, je me demande si je ne présente pas les signes d'une belle allergie là où ça brûle et ça commence à cloquer… Appelons l'interne de garde !

Ne lui jetons pas la première pierre, mais la pauvre chérie n'est d'aucune aide (je pense quand même brièvement à la lapidation). Prenons donc un antihistaminique dans le tiroir qui ressemble au stock de la pharmacie du village.

À vingt et une heures, j'appelle mon mari qui dîne à six cents kilomètres de là chez un ami d'enfance, médecin généraliste. Je leur lis le protocole de l'anesthésiste et obtient confirmation d'une

---

1. Le paradoxe du chat beurré est fondé sur la combinaison de deux adages : 1) Un chat retombe toujours sur ses pattes. 2) Une tartine beurrée retombe toujours du côté du beurre. Le paradoxe apparaît si l'on attache la tartine beurrée sur le dos du chat, et qu'on lâche le chat d'une hauteur importante. C'est cruel, mais paradoxal.

possible réaction aux antibiotiques. *Pas de panique, avec ce que tu as pris, ça devrait aller.* L'ami est loin et préfère ne pas affoler la patiente qui est seule dans sa campagne…

Je résiste au sommeil, guettant les symptômes de l'œdème de Quincke. À l'aube et à l'heure légale – sept heures et demie –, j'appelle le service de chirurgie. Pas de réponse. Je m'énerve avec la pauvre standardiste. J'appelle mon médecin de famille sur son portable, qui, lui, répond, impassible et rassurant comme à son habitude, *Cortisone tout de suite !* J'avais déjà la main sur la boîte. Il me donne la posologie, j'avale. Tout s'arrange progressivement. Je reprends un teint normal.

Après un peu de repos et le passage de mon infirmière, je réussis à joindre l'infirmière pivot du CLB et lui raconte l'épisode nocturne. Charmante, elle note, transmet à l'anesthésiste qui devrait me rappeler – ce qu'il ne fait point –, et me donne un numéro d'urgence si besoin pour les jours à venir. Elle s'excuse pour les autres.

Alors voilà. Après l'allergie, il y a les jours 2 et 3…

Cortisone, téléphone, cortisone. Puis vient une petite fuite, un genre de fugue – pas du Bach ; non, une petite fugue, une petite fuite. Cette lymphe qui coule, ce n'est pas bien pratique ; ça dégouline, mais ce n'est pas la confiture de la chanson des Frères Jacques. Toujours le registre de la tartine, sans le chat, mais fidèle à Murphy. En fait, ça ne m'amuse plus du tout.

Parfois je suis logique : si ça coule, c'est qu'il y a un trou, comme dirait mon plombier. Par le petit trou de la cicatrice à gauche s'échappe aussi de l'air.

Ne me demandez pas comment l'air est entré, je ne suis pas spéléologue. Et ce qui est dedans doit sortir. Encore une loi dont je n'ai pas trouvé l'auteur. Je bouge le bras et j'entends un *pfffff* ou un *pschitt*, mais sans le parfum citron. Un bruit identique à celui du canard de bain que mes petits-fils pressent dans la baignoire pour s'asperger. Au début, je ne comprends pas d'où vient ce bruit. Je bouge de nouveau le bras, et un sourire imbécile se dessine sur mon visage.... *J'ai compris!*

Arrive mon mari. Moitié inquiète moitié hilare, toujours un peu vermillon, je lui propose de venir écouter mon ex-sein péteur. J'appuie, et ça fait *pffff*. Encore et encore.

Arrive l'infirmière, et je refais la blague. Elle n'est pas inquiète, elle en rit. Son souci et le mien, à présent, c'est de colmater les fuites. Parce que, de la petite fuite, on est passé aux grandes eaux. Une inondation qui m'a cueillie à la salle de bains devant le miroir, une flaque à mes pieds. Je n'ai jamais rompu spontanément la poche des eaux lors de mes accouchements. C'était une première au niveau thoracique.

On éponge, on compresse, on comprime, on salit les draps, on éponge, on compresse, on change les pansements et les draps. Il faut rester au sec, c'est le mot d'ordre de la cicatrisation. Car la cicatrisation, c'est comme les fesses de bébé.

Je rumine, j'appelle l'interne, je vais au CLB, j'attends. *Pas de panique, tout va bien* est le leitmotiv. De toute façon, l'interne de sénologie n'est pas payé pour les gardes du week-end; c'est une interne de chirurgie viscérale qui est de garde. J'ai des doutes sur son diagnostic.

Le lundi, ça coule toujours. Pas l'ombre d'un plombier à l'horizon. On éponge, on compresse, on comprime, on salit les draps, on éponge, on compresse, on change les pansements et les draps. L'infirmière de sénologie m'appelle finalement et me demande de venir consulter.

J'appelle un taxi (je ne peux toujours pas conduire). Retour du circuit accueil-étiquettes-attente, et consultation. Et tout ce que j'obtiens comme réponse, c'est *Pas de panique, tout va bien. Un peu de sulfamides, pas de panique, tout va bien.* On comprime, on compresse, on attend, et je joue toujours avec mon canard invisible qui fait rire tout le monde sauf moi. Au fond, bien cachée, je pleure de rage et d'impuissance.

Quelques jours plus tard, les dégâts des grandes eaux associées au trou d'air ont encore progressé, et je me retrouve avec un trou sur le thorax, de la taille et de la forme d'un quart de banane, soit cinq bons centimètres de long et deux centimètres de large. Je décide de ne pas me prendre la tête et, forte de mon expérience précédente, j'évite la consultation en urgence. Je passe un excellent week-end, je profite de la visite de mes enfants et petits-fils, et j'attends le lundi. Avec mes infirmières, nous jonglons sans stress avec les pansements et observons, atterrées tout de même, l'étendue des dégâts qui progressent.

Sept semaines dans le désert

Le lundi, je demande à voir un chirurgien du CLB, histoire de tenir l'équipe médicale au courant. Mais, surtout, je décide de consulter par ailleurs un ponte de la chirurgie plastique qui, auparavant, traitait les grands brûlés dans l'hôpital référent de Lyon. Il m'est recommandé par une avocate d'une compagnie assurant les médecins. Je choisis de minimiser les risques, la garantie décennale n'étant pas incluse dans le contrat de soins avec le CLB…

Le plasticien exerce dans une clinique où il pratique une médecine plus rémunératrice que celle des grands brûlés (qui ont tendance à mourir en cours de route). Mais il me reçoit dans la journée – j'ai sorti la carte cancer à sa secrétaire. La carte cancer, c'est comme un joker : il faut s'en servir à bon escient, mais, globalement, ça marche toujours. Il suffit d'accompagner le discours d'arguments un peu crus et affligeants. Et j'en ai une valise pleine.

La salle d'attente est meublée de manière plus design qu'au CLB, mais elle n'est pas plus confortable. La clientèle majoritairement féminine, peroxydée, bronzée, y patiente comme moi, mais peu encline à dévoiler les motifs de sa présence. Le plasticien est un vieux beau habillé avec recherche, la ceinture Hermès bien en évidence. Le bureau croule sous les objets inutiles, la salle d'examen est fonctionnelle. Après ouverture des pansements, le verdict tombe : *Ça va être long, le protocole de votre chirurgien est mauvais, arrêtez tout.* J'édulcore, mais l'expression qu'il utilise est plus proche de *What the fuck !* Ce qui, en langue commune, donne *Les chirurgiens n'y connaissent rien en cicatrisation. Votre lambeau abdominal n'a pas tenu, cela explique en partie que les sutures aient à nouveau lâché ; et vos douleurs abdominales viennent de la cicatrisation de la zone prélevée. Une chance que vous n'ayez pas eu d'infection.* Pas très confraternel, mais j'apprécie l'absence de langue de bois. Le conseil de l'ordre doit détester le bonhomme.

Je ne donne pas entièrement tort au plasticien, vu mes expériences désastreuses qui durent déjà depuis sept semaines. Sept semaines, dans le judaïsme, cela équivaut à une traversée du désert, comme après la Pâque juive. Sept semaines, quarante-neuf jours qui séparent Pessah de Chavouot. Cette durée symbolise celle où les Hébreux tournèrent dans le désert. Voilà, j'ai vécu mon Exode personnel. Il est temps de rentrer en Terre sainte – sans la mort de Moïse, si c'est possible.

Il me dit aussi que la chimiothérapie risque de ralentir la cicatrisation ou, pire, d'aggraver encore la situation ; qu'il faut être patiente, que ce sera long, très long, mais que ça se refermera. Il ajoute, honnête, que le résultat sera moche, voire très moche. Mais que, si le cancer m'en donne l'opportunité, une reprise des cicatrices sera toujours envisageable, plus tard, bien plus tard. Il précise que, cette fois, il faudra choisir les services d'un plasticien. Il prêche pour sa paroisse. Je suis un peu hermétique. Et je pense au veau d'or quand la secrétaire me demande quatre-vingts euros – *Merci, non, nous ne prenons pas la carte bleue* – *Une feuille de soins papier, à envoyer à la caisse. Non, je n'ai pas de carte Vitale...*

La seule bonne nouvelle de cette consultation, c'est que le médecin préconise de doucher et de laver les trous chaque jour. Je vais enfin pouvoir prendre une douche complète et cesser de me laver par tranche – le bas du corps dans la baignoire avec la douchette, le haut au gant de toilette, la tête au-dessus du lavabo. Finie la Bétadine, finie l'odeur d'iode. Rincer au sérum physiologique, et boucher les trous avec du tulle gras et une pommade pour prévenir les infections. Hydrater. L'objectif est de favoriser la cicatrisation par le fond des trous sans irriter. On appelle cela la cicatrisation dirigée.

En fait de direction, c'est le bordel, l'anarchie, le chaos ! Ça se refermera comme ça voudra, et on observera.

Il me reste à rencontrer le chirurgien qui remplace le mien pendant ses vacances, et à l'informer de l'avis du plasticien – et de mon souhait de suivre cet avis. Nous allons tester la souplesse du concept de décision partagée, encore une fois, à l'initiative de la patiente, et je ne le sais pas encore, mais je devrais m'éviter la corvée.

Le lendemain, je rencontre donc la remplaçante et lui fais un compte rendu sommaire. Pas démontée, droite dans ses bottes, elle me répond *On ne change rien au protocole de soins pour la cicatrice gauche, et, pour la droite, on suit votre conseil extérieur. Et votre chimio, on va la retarder.* Silence lourd. Je tente un *Est-ce bien raisonnable, sachant que la tumeur du plexus ne s'est pas mise en arrêt maladie et continue de propulser des cellules cancéreuses dans mon organisme ?* Pas de réponse audible. De fait, j'entends sa pensée *TA GUEULE, c'est MOI le médecin.* Et que je te refile des rendez-vous de consultations chirurgie, et que de mon côté je garde le silence, histoire de ne pas lui dire *TA GUEULE, c'est moi la patiente, et c'est ma peau et MON FUCKING CANCER*… Pour finir, l'infirmière pansement, tel un bourrin, agrandit les trous avec ses doigts sous mon regard ébahi. Je repars, passablement énervée.

J'informe mon généraliste et lui demande de contacter l'oncologue. Nous devons avoir une discussion sérieuse sur mon planning thérapeutique. Je ne veux pas perdre plus de temps, et même si les chirurgiens du CLB y sont opposés, je veux débuter la chimiothérapie, parce que j'ai un cancer à traiter et je ne veux pas me retrouver avec des métastases partout. Mon chirurgien a fait le gros du travail, et même si les finitions restent à améliorer, même s'il a laissé une infiltration de cancer au chaud pour préserver mon bras, il ne faut pas perdre l'objectif de vue et dézinguer ce cancer avant qu'il me flingue pour de bon.

Du grec

En quatrième, j'ai été renvoyée du cours de grec parce que j'étais insolente. La prof avait un méchant défaut de prononciation, et je n'étais pas charitable. Elle avait commencé par me donner des heures de colle, mais je ne me calmais pas et continuais à lui répondre en l'imitant. J'avais douze ou treize ans, un an d'avance sur le parcours scolaire, et la maturité d'une jeune guenon pubère. La discipline enseignée étant optionnelle et mon absence de conformité aux standards trop évidente, on m'éjecta du cours, à mon plus grand soulagement. Ma mère, elle, ne fut pas enchantée ; mais comme elle ne prenait pas la peine de se rendre au collège pour les réunions avec les professeurs, se sentant sûrement un peu honteuse de ce manque d'intérêt, j'eus juste droit à une belle engueulade, et elle passa l'éponge. C'était sa technique pour avoir la paix.

Bien plus tard, je m'intéressai aux langues mortes et au sens des mots. Je regrettais un peu mon insouciance en cours de grec, mais pas trop quand même. Cette année-là fut aussi celle où je trouvai un système bien rodé pour sécher les cours de gym, de dessin et de couture – matière étonnante mais qui était encore enseignée. Cela me prit aux beaux jours, au printemps, et j'utilisai une technique à base de certificats médicaux de complaisance délivrés par le chirurgien qui m'avait opérée de l'appendicite quelques années plus tôt. Il aurait dû être à la retraite depuis longtemps, mais exerçait encore, au risque de ses patients, un peu trop confiants. *Je ne me souviens plus très bien comment je lui ai extorqué une liasse d'ordonnances, mais il me les a données, je vous le jure, Monsieur le juge !*

Je réalisai, selon mes envies, des mots d'absence en imitant la signature de mon père, accompagnés ou non d'une attestation de visite chez le bon docteur. Peu précautionneuse cependant, j'abusais du stratagème après avoir fait mourir mes grands-mères, depuis longtemps décédées. (Je n'avais pas osé pour mes grands-pères, par superstition et parce qu'ils étaient assez visibles dans la petite ville de province où nous habitions alors.) Bref, je me fis prendre en fin de trimestre, quand le principal envoya la pile de mes forfaits à mes parents. Le pli arriva à leur bureau, et le proviseur avait accompagné les billets d'une lettre, s'inquiétant sincèrement de mon état de santé qui, en classe, s'avérait fort bon. J'étais une bonne élève, je m'ennuyais un peu, je faisais la foire dès que l'occasion se présentait dans ce collège de jeunes filles…

Ce jour-là, en plus de l'engueulade de rigueur, j'eus droit à une claque qui laissa des traces, et je fus privée de sorties. Ma mère, qui me parlait anglais, surtout quand elle était en colère, me dit *You're grounded!* J'étais collée, encore, mais à la maison.

Puis elle passa l'éponge. C'était l'été, les vacances.

En attendant mon premier rendez-vous avec celui qui allait me suivre désormais, je pensais au grec et à l'oncologie, terme qui a remplacé celui de cancérologie dans la novlangue médicale. *Onkos*, en grec, signifie « tas » ou « masse », mais aussi « vrac » ou « tumeur ». Mon oncologue pratiquait donc la médecine en vrac. J'aimais assez ce raccourci et cette mauvaise traduction. J'avais des excuses : je n'avais pas étudié le grec et j'étais toujours dissipée. À cinquante-trois ans, c'était pathologique. Pathologique, encore un mot venu du grec, et qui signifie que c'est relatif à la maladie.

Nous expérimentons l'attente, devenue un standard, à un étage que nous découvrons. Je m'ennuie comme en quatrième. L'étage des consultations d'oncologie est peuplé de cancéreux, chauves ou coiffés de perruques, de foulards, de casquettes, de bonnets. Ils sont livides ou jaunes, maigres ou gonflés à la cortisone. Pas de doute, je suis au bon endroit !

Comme moi, il y a quelques primo-arrivants, et des gens en consultation de suivi. Bienvenue à Cancerland. Autant le service de suivi de chirurgie du centre aurait pu être situé dans n'importe quel service hospitalier, mais là où nous sommes assis, il n'y a aucun doute, nous sommes entrés dans le cœur de la maladie. Tout sent le cancer. Même les accompagnants.

Je transporte ma pile de documents médicaux dans un sac de shopping en toile customisé où j'ai fait imprimer en lettres capitales *FUCK MY CANCER*. Je n'ai pas mis le gilet à capuche rouge customisé à l'identique, mon époux s'y est opposé. Parfois, mes blagues ne le font pas rire du tout. Dans la salle d'attente, une jeune femme en perruque blonde me fait un signe de la main : elle connaît le blog. Elle a vu la photo du sac postée quelques jours plus tôt. Son sourire est un signe de solidarité complice.

Mon oncologue vient me chercher, et nous entrons dans la salle de consultation. Un bureau pour le médecin, un ordinateur, son fauteuil, une imprimante, un écran et deux fauteuils, pour le patient et l'accompagnant ; plus loin, une petite salle d'examen. Aucun objet personnel : comme en chirurgie, les médecins tournent selon leur planning, et les bureaux leur sont affectés par journée ou demi-journée. Je sors mon feutre et mon cahier, où j'ai listé toutes mes questions.

L'oncologue est enrhumé et, comme la plupart des hommes en bonne santé, cela signifie qu'il est mourant. Entre deux mouchoirs en papier, il m'explique quel protocole de chimiothérapie j'ai gagné à la loterie de la RCP – qui s'était tenue sans mon généraliste et sans que j'en sois informée. Encore un exemple de concertation à géométrie variable. Je me dis que les patients aplasiques[1] qui viennent consulter doivent être terrorisés par ses germes – probable qu'il ne voie aujourd'hui que les primo-arrivants.

Il m'annonce trois cures de FEC 100 et trois cures de Taxotere. Je note. Il a imprimé un document mentionnant les intervalles entre les cures, une toutes les trois semaines. Dix-huit semaines de chimio. Dix-huit semaines de yoyo en prévision. Il m'explique les possibles effets secondaires de chacun des protocoles. Tout est noté. Il a aussi imprimé un peu vite l'ordonnance pour la perruque – que je ne compte pas utiliser. Un arbre mort pour rien.

La bonne nouvelle : j'évite l'implantation d'une chambre sous-cutanée[2] *parce qu'avec vos problèmes de cicatrices et le fait que ça ne durera que cinq mois, on va éviter d'ajouter des risques.* J'aurai droit à un cathéter veineux appelé PICC line. L'oncologue m'explique que ce dernier me sera posé le matin de la première cure de chimiothérapie, que contrairement au PAC, avec le PICC, je devrai dire adieu aux douches sans précaution, bonjour la douche avec le bras gauche

1. Pendant la période des cures de chimiothérapie et selon les protocoles, une baisse des globules blancs et des plaquettes peut être observée, et une baisse des dépenses immunitaires rend le patient sensible aux germes, bactéries et virus.

2. La perfusion de chimiothérapie nécessite la pose d'un dispositif interne (la chambre implantable) relié à une grosse veine centrale, permettant de perfuser de façon prolongée ou d'administrer les traitements intraveineux en toute sécurité. Elle évite l'effet toxique du produit sur des veines de calibre inférieur, comme celles du bras… La chambre implantable est aussi appelée cathéter implantable, PAC, Port à Cath, CIP.

emballé au film étirable ou dans un sac plastique. Le PICC sera retiré juste après la dernière cure. Je note.

Je pose toutes mes questions de nutrition, transit trop rapide, bouchons. Il parle fièvre, globules blancs, surveillance des infections. Je parle douleurs. Il dit paracétamol, je hausse les sourcils, il dit anti-inflammatoire. Mon généraliste résoudra cela, et le service de lutte contre la douleur si besoin. On parle fatigue, exercice physique quotidien. Il dit qu'il va falloir s'occuper de ma ménopause, l'induire chimiquement. Il faut arrêter mes ovaires. Il m'explique de manière détaillée comment mon carcinome se nourrit de mes hormones, celles secrétées par mes ovaires et celles que mon surpoids génère.

Le cancer de l'utérus que j'ai eu, selon lui, était aussi hormonodépendant. Je n'ai plus aucun document de cette époque. Il comprend néanmoins le choix de mon chirurgien d'alors de ne pas m'avoir retiré les ovaires. Induire une ménopause à une trentenaire ne se fait pas facilement.

Parce que la meilleure blague dans tout ce cauchemar, je la dois à mes ovaires. Ils sont actifs depuis 1971, et ces deux compères n'ont pas pris leur retraite. N'ayant plus de règles puisque plus d'utérus, je n'ai ressenti aucun signe franc de ménopause, mais je pensais que c'était en cours. Je me trompais. Le jour de ma dernière prise de sang, j'ovulais encore. À cinquante-trois ans. Cette nouvelle n'était pas bonne du tout, car Carlo, mon carcinome, se nourrissait de mes hormones, et mes ovaires produisaient encore.

Il y a tant de femmes infertiles qui tentent de mener une grossesse, et moi j'étais le contre-exemple parfait. Je cessais un moyen de contraception, et hop, au cycle suivant, *A bun in the oven*, en cloque. Je n'ai été sous pilule contraceptive que très peu de temps pendant la vingtaine d'années où j'ai été en état de procréer. J'étais à l'époque incapable de me souvenir de cette satanée prise de comprimé. J'avais utilisé tous les stratagèmes, posé la boîte ou l'étui sur la table de nuit, élastiqué à la brosse à dents, rien n'y faisait, j'oubliais. Alors nous sommes passés au stérilet. Les miens ne diffusaient pas d'hormones. Certains de ces dispositifs intra-utérins le font. Quand l'oncologue aborde les explications concernant l'hormonothérapie et que j'entends *C'est peu contraignant, un comprimé à heure fixe chaque jour*, je dois faire une drôle de tête, à cause des souvenirs de pilule…

On reparle nausées. Il imprime la liste des médicaments à prendre avant la cure et les jours qui suivent. Je conclus *Si ça ne fonctionne pas, on verra si l'herbe en infusion, ça aide*. Mon oncologue a l'âge de mes enfants et peut-être des parents qui, pendant les années soixante-dix, étaient très sages ou taiseux sur leurs loisirs. Le jeune homme semble étonné. Il demande à mon époux, impassible, si je suis toujours comme ça… *Vous verrez, on s'habitue. Moi ça fait trente-sept ans.*

Après avoir examiné les trous des cicatrices et calculé le temps écoulé depuis la chirurgie, il réfléchit un moment en silence, puis il propose de commencer la chimio mi-octobre. Je négocie le jeudi. J'ai compris que la prise de cortisone s'arrête le samedi, le dimanche sera donc le jour où cela risque de partir en vrille. Autant que je ne sois pas seule.

En sortant, Monsieur mon mari, espiègle, me glisse *Tu le vois rentrer ce soir chez sa femme et dire :*

j'ai eu une bonne femme/une patiente de plus de cinquante ans, elle a parlé d'herbe… Pas de fines herbes, elle avait l'air de s'y connaître!

L'herbe, c'est comme le vélo, ça ne s'oublie pas.

Plan de bataille

Après le désastre des suites de chirurgie, je me prépare à affronter la période de chimiothérapie. Ma crainte, après lecture de la littérature appropriée, porte à parts égales sur la débâcle de mon système digestif déjà défaillant et sur les douleurs induites par les produits que l'on va m'injecter. Il reste à lever un risque avant de livrer bataille : vérifier que mon cœur est en état, et que le muscle cardiaque éjectera la chimiothérapie rapidement dans mon organisme. Un retour chez le photographe du CLB est prévu pour s'assurer de la conformité de la plomberie. Dans ma famille maternelle, le cœur est un point faible, et j'appréhende un peu le résultat, à tort. La pompe fonctionne encore bien.

Pour pallier mon isolement géographique et les absences professionnelles de mon époux, les enfants proposent leur aide, et nous décidons cette fois d'accepter leur offre. Si cela tourne au vinaigre, il sera plus simple que je ne sois pas seule la première semaine suivant chacune des cures. Nous mettons en ligne un agenda partagé avec les quatre couples, et chacun y note les jours où il/elle peut se rendre disponible pour prendre soin de moi, ou juste me tenir compagnie et m'aider dans les tâches de la vie quotidienne.

Pour la visite au CLB et la chimio, je préfère être seule. Je ne suis pas sûre qu'il faille mobiliser ma garde rapprochée pour le jour du traitement. Mon mari s'arrangera pour être à la maison à mon retour en taxi et sera présent jusqu'au lundi, sauf pour la première cure – il a une obligation qu'il ne peut annuler le vendredi. Je sollicite une amie qui a refait surface contre toute attente pour tenir le rôle de la garde-malade ce jour-là. Elle disparaît comme elle était venue…

Les médicaments prescrits remplissent désormais une commode, et le bas de mon dressing déborde de pansements et de plateaux stériles pour l'entretien des cicatrices et du PICC. Ma chambre est devenue une annexe du CLB. L'infirmière passe toujours me voir, je suis parée, prête à affronter la deuxième étape de ma guerre contre le cancer, épaulée par ma famille, mais aussi par les amis et les inconnus de Twitter, et les lecteurs et lectrices du blog. J'ai une équipe de support dédiée, réelle et virtuelle. Des témoignages d'affection et d'encouragement m'arrivent quotidiennement. Le récit de mes démêlés avec la caisse d'assurance maladie et la machinerie hospitalière amuse, afflige, et le ton burlesque du récit de mes mésaventures sur le blog semble aider les malades. Ce n'était pas le but initial. J'écris pour moi, je ne veux pas devenir une de ces patientes expertes prêchant une vérité, la bonne parole, vendant ses services aux labos, monétisant la maladie.

Et, pourtant, mes revenus fondent comme neige au soleil, et mes ennuis s'amoncellent sous la forme de courriers d'huissiers et d'injonctions variées, pimentés par la visite de créanciers ou de leurs représentants. En trois mois, notre fragile équilibre financier s'est écroulé, et ce n'est que le début de la chute, je le sais. De tous nos problèmes, l'argent est cependant le moindre. Nous aurons à payer, mais, dans l'ordre, il faut d'abord que je me sauve. Alors quand le premier huissier se présente, je lui offre un café et lui dis *Faites votre job, notez, saisissez. Je m'en fous, moi, j'ai un cancer.*

Ça ne se voit pas trop – hormis l'absence de seins non dissimulée –, j'ai toujours bonne mine, je marche quotidiennement dans la campagne alentour.

Fucking Octobre rose

Grâce au blog, j'entretiens des relations avec des gens formidables, des femmes majoritairement, de tous âges, et pas uniquement des malades. J'évite les fâcheux – il faut toujours éviter les fâcheux. Nous parlons cancer, mais aussi cuisine, politique, lutte contre les discriminations, politique de santé ; je relaie des études, des coups de gueule de soignants… Et Octobre rose arrive.

Octobre rose, c'est la foire annuelle au dépistage organisé, maquillée en opération de lutte contre le cancer du sein. Ce truc m'énerve. Je n'ai pas attendu d'être malade pour comprendre que cette opération marketing est le fruit du lobbying intense des laboratoires pharmaceutiques, profitant aussi aux radiologues, aux marchands de matériels et aux fabricants de cosmétiques qui, dès la création d'Octobre rose aux États-Unis, se sont engouffrés dans cette campagne. La presse féminine profite de la manne publicitaire offerte par les fabricants de cosmétiques et de prêt-à-porter : tous communiquent sur leurs dons charitables à la suite des ventes des produits dûment estampillés.

La santé, outre-Atlantique, est un marché commercial ; la France ne se frotte à la prise de conscience de cette réalité que depuis peu. Mais le *pinkwashing* à l'américaine a débarqué avec la montée en puissance de la campagne Octobre rose. On nous vend des opérations commerciales au bénéfice de la recherche, mais sans jamais publier de données chiffrées. Des entreprises entières de communication et d'événementiel vivent de ces campagnes. Les associations engrangent les dons. Certaines en font bon usage, d'autres moins. L'opacité de la gestion des opérations est souvent totale.

Le dépistage organisé en France consiste à proposer aux femmes de cinquante à soixante-quinze ans d'aller passer gratuitement une mammographie pour détecter un éventuel cancer du sein. Ça, c'est la promesse de la campagne. Mais les promesses ne portent ni sur la garantie d'un résultat ni, et encore moins, sur la publication des études remettant en cause l'efficacité du dépistage. Pourtant, nos impôts financent une partie de ces opérations : nous pourrions souhaiter des explications…

Depuis le partenariat fondateur de 1985, conclu entre le laboratoire Astra Zeneca et l'American Cancer Society, l'équation est simple : plus de femmes dépistées, plus de malades traitées, plus de chiffre d'affaires, plus de bénéfices.

On nous vend *plus de vies sauvées*. Mais là, les études scientifiques viennent semer le trouble, parce que ce n'est pas aussi simple : 1) la mortalité ne baisse pas en proportion de l'extension du dépistage ; 2) le dépistage pourrait créer des cancers radio induits ; 3) il est prouvé que de « faux positifs » sont détectés, et que des femmes sont ainsi traitées inutilement. Malheureusement, la parole des lanceurs d'alerte est moins relayée que ne l'est la campagne officielle, les enjeux économiques de ce mois d'octobre étant primordiaux pour les médias et les associations.

La peur de la maladie et une communication bien rodée depuis presque trente ans font le job. La cible doit être élargie, alors les laboratoires ont eu l'idée d'amplifier le spectre et visent désormais les femmes dès quarante ans, même si elles ne bénéficient pas d'une gratuité du dépistage. Elles sont la cible : elles paieront pour être rassurées. La peur au ventre, manipulées par les messages, même celles qui n'ont pas de risques connus vont se faire dépister – et augmentent à chaque mammographie leurs chances de se retrouver en consultation à Cancerland. Le dépistage organisé pourrait utiliser le slogan du Loto de manière détournée : *Chaque malade a été dépistée.*

Les Américains ont pris de l'avance sur nous dans le décodage d'Octobre rose. C'est qu'ils ont une plus longue expérience de l'opération, et qu'en France les trop rares voix des critiques mettent du temps à émerger. Mais elles existent, et j'ai assez naturellement rejoint quelques-unes de ces voix discordantes dans le concert mielleux et suave de ce mois d'Octobre repeint en rose.

Nous sommes quatre twitteuses et blogeuses : deux malades, une ex-malade, une non-malade... Et quelques médecins éclairés. Nous avons flingué. On nous a surnommées les *tatas flingueuses*[1] sur Twitter. Nous avons levé quelques lièvres bien rances parmi les initiatives de l'automne et de l'hiver (parce que plus ça dure, meilleur c'est !). Nous ne sommes pas journalistes, nos voix portent plus ou moins loin. Mais nous ne sommes pas les seules. Et cela a fini par déranger.

J'ai été accusée (par la bénévole d'une association financée par des fonds publics et des dons de laboratoires) de *déverser mes états d'âme métastatiques*, parce que j'osais demander la publication chiffrée des liens d'intérêts de l'association avec les laboratoires. L'élégance des propos de la rédactrice du commentaire laisse penser que j'ai touché juste. Elle me promet les foudres de la justice, mais aucune action n'a jamais suivi ses menaces. Ma petite voix doit mettre un peu en péril la belle promesse.

La prise de conscience est lente, la peur du cancer tétanise les femmes. Et c'est justement ainsi que la manipulation prend corps. L'injonction des messages – voir la vie en rose –qu'Octobre rose martèle se résume à un *Smile or die*, *Souris ou meurs*.

En ce mois d'octobre, je suis assez préoccupée par mon propre programme thérapeutique lorsque

1. Je vous conseille la lecture de « No Mammo » ou « Octobre rose mots à maux », de Rachel Campergue, le blog de Martine Bronner, et celui de la Crabahuteuse. Vous y trouverez des articles et des liens sur le décodage d'Octobre rose et sur les études relatives au dépistage organisé.

je reçois l'invitation à passer une mammographie de dépistage… Une chose est sûre : les fichiers ne sont pas à jour. J'imagine les onze mille invitations envoyées aux femmes mortes dans l'année. Je n'ai pas envie de rire.

Je n'ai pas de carte Vitale non plus, bien que mon dossier soit à jour : j'en remets une couche sur le blog et les réseaux sociaux, et la directrice de cabinet du directeur de la CPAM départementale m'appelle. Il faut dire que je me suis laissée aller à publier le nom du bonhomme. Douze jours plus tard, je reçois le fameux formulaire où je peux coller ma photo. Il faut encore quelques semaines pour obtenir mon bout de plastique vert. J'ai de nombreux témoignages de loupés similaires, d'autres malades et de médecins, qui n'en peuvent plus de l'archaïsme administratif, de la perte d'énergie dépensée à simplement faire valoir ses droits, alors que la maladie nous épuise déjà.

La montée au calvaire

J+58 après la chirurgie initiale – cinquante-huit jours de pansements, cinquante-huit jours à tenter de retrouver l'usage de mes bras. Un échec. Je développe des stratégies pour vivre avec le handicap, que j'espère bien temporaire. Dans les gestes du quotidien, ne pas pouvoir lever les bras à plus de quarante-cinq degrés limite beaucoup le champ des activités. Ouvrir un placard est possible, ouvrir le réfrigérateur est possible, mais quand il s'agit de se servir ou d'attraper un objet en hauteur, tout se complique. Je ramasse les objets tombés à terre avec mes pieds, je pousse le marchepied devenu indispensable avec les pieds. J'ai beau m'être habituée à mon mètre cinquante-sept, sans aide, la vie quotidienne seule est devenue compliquée.

On s'organise. Quand mon mari part, il met à ma portée les aliments et les objets qui me seront utiles pendant son absence.

Je ne peux pas conduire sans risquer de déchirer les cicatrices fragiles, l'épicerie du village est à quinze minutes de marche, mais je n'ai pas le droit de porter d'objets lourds ou de sac. Je pourrais utiliser un sac en toile, mais je ne peux le porter ni à mi-bras ni à l'épaule, à cause des douleurs, ni en travers du buste à cause des cicatrices. Je peux aller acheter le pain ou une plaque de beurre. Ce qui ne rentre pas dans mes poches reste chez l'épicier. On s'organise pour les courses.

Je ne peux pas porter les bûches pour la cheminée ; le chauffage électrique prend donc le relais. Et la facture explose.

Si je vais acheter une baguette, l'aller-retour compte dans mes trente minutes de marche quotidiennes.

Je ne peux pas tirer sur les lacets de mes chaussures de marche. Je ressors des chaussures qui se ferment avec des scratchs. J'ai quatre ans.

L'apprentissage de la limitation du périmètre de vie est difficile, tous les handicapés le savent. Quand on apprend que l'on a un cancer, on n'est pas prévenu que l'on devra composer avec le handicap. Personne ne donne de plan B. Pas d'ergothérapie, pas d'aide, on se retrouve seul(e) pour élaborer des solutions palliatives.

Sur le sujet, mon moral fluctue. Je laisse tomber la vaisselle, je casse pas mal de choses. Si je suis seule à la maison, il faut ramasser ; sinon, il faut demander de l'aide. Je ne sais pas ce qui était le pire, me faire mal à essayer d'être autonome ou accepter de ne plus l'être.

Si par hasard je répands un liquide par terre, passer la serpillière m'est impossible. Pas de force pour appuyer sur les balais, pas de force pour essorer. L'essuie-tout passé avec les pieds limite pas mal mes capacités d'intervention en cas d'incident. Une amie précieuse, qui vit au village voisin et prend déjà en charge le repassage, me tire plusieurs fois de l'embarras au débotté.

Mes épaules se contractent par manque d'exercice et à cause des postures de protection qui se mettent en place spontanément. Je ne peux pas me faire masser à cause des cicatrices ouvertes. En profondeur, les adhérences des remaniements chirurgicaux limitent mes mouvements. Je sais que la rééducation sera longue et douloureuse, et qu'elle est retardée.

Comme je dois, au repos, garder les bras en surélévation, la maison est balisée de coussins à chacune des stations de mon micro-calvaire : canapé, bureau et, bien entendu, le lit, où je passe encore beaucoup de temps.

Le sommeil toujours en panne, mes journées débutent pourtant tôt. La compagnie des amis insomniaques ou aux antipodes, grâce à Internet, rend ces petits matins joyeux, et leur soutien est chaque jour une bouffée d'air frais. La visite matinale de l'infirmière donne un cadre à la journée. Je dois être douchée et habillée avant son arrivée, et je m'organise pour que la chambre soit aérée et rangée, par correction. Les vestiges de l'éducation et des bonnes manières... (Je pense parfois à ma mère en enfilant – avec difficulté – une culotte propre après ma douche. *As-tu changé de sous-vêtement? Il faut toujours avoir des sous-vêtements propres, ma chérie. Si tu te retrouves aux urgences, tu ne veux pas faire mauvaise impression.*)

Il faut cent quarante-huit jours pour que les trous se ferment complètement et que je puisse enfin commencer la kinésithérapie. Quatre mois et vingt-six jours de soins quotidiens et d'incidents. Quatre mois et vingt-six jours de compresses et de pommades. Quatre mois et vingt-six jours plus ou moins gais, où mes infirmières ont été au rendez-vous, toujours bienveillantes, à l'écoute, amicales, prenant les quelques minutes supplémentaires sur leur emploi du temps surchargé en permanence pour discuter si elles décelaient que mon moral fléchissait.

Dès que mes bras me le permettent, je reprends la cuisine et je leur offre brioches, confitures et autres gourmandises, que je confectionne tôt le matin.

Les poisons

Je me prépare pour la chimio. Au programme, j'ai d'abord la pose du cathéter veineux central dans le bras gauche. Un passage au bloc est nécessaire – question d'hygiène et de risque.

J'ai de nouveau droit au pyjama vert et à la douche à la Bétadine, je suis rodée. L'infirmière anesthésiste du bloc doit enfiler un petit cathéter dans une de mes veines et le faire glisser à proximité de mon cœur. La procédure est un peu douloureuse au début, le temps qu'elle repère la bonne veine. Puis elle anesthésie localement et fait son travail : elle pique profondément et enfile le machin. Elle m'en met une quarantaine de centimètres bien pesés.

Auparavant, seuls les médecins anesthésistes (et les réanimateurs, et les urgentistes) étaient habilités à réaliser ce geste, mais le CLB a négocié avec les autorités de santé l'habilitation des infirmières, pour désengorger les agendas des médecins, j'imagine. Elles ne touchent pas un centime de plus sur leur salaire pour autant.

Comme c'est un programme pilote et que mes données biologiques sont enregistrées dans une base, je dois signer un document attestant de mon consentement éclairé sur la procédure et mon accord sur la participation à cette étude. Je n'ai pas franchement le choix. Je n'ai pas été informée au préalable de la qualification de l'opérateur et, franchement, je me moque que ce soit une infirmière ou un médecin. J'imagine que sa formation et sa compétence sont bien réelles, et c'est le cas.

Le consentement éclairé se révèle souvent une vaste blague en chirurgie. Le droit à l'information des patients se réduit la plupart du temps à peau de chagrin parce que les soignants sont sous l'eau, et souvent par la rétention qu'ils font de certaines informations.

Mon chirurgien, par exemple, quand il finit par comprendre et accepter mon choix de mastectomie bilatérale radicale, a-t-il pris le temps de m'expliquer tout ce qui pourrait arriver pendant et après la chirurgie ? S'est-il assuré que j'avais bien en tête tous les éléments nécessaires à l'évaluation de ma décision ? La réponse est non. Les aurais-je eus en ma possession, aurais-je maintenu ma décision initiale ?

Je ne suis pas certaine d'avoir fait le bon choix. Non que je regrette, mais je me dis, après ma rencontre avec l'oncologue, que ce cancer est dans mon organisme depuis longtemps, qu'il a une évolution lente, et que si la peur de mourir vite n'avait pas brouillé mon jugement, peut-être aurais-je pu m'éviter cette boucherie et ce qui a suivi. Sans prendre plus de risques.

Il est inutile de me torturer avec ces questions. Les dés sont pipés.

Je vais maintenant m'empoisonner de manière très consciente, toujours prisonnière de ce *Smile or die*, sans avoir aucune assurance qu'au final la mort sera ou non prématurément au rendez-vous.

La chimiothérapie est un paradoxe médical de plus. On s'empoisonne d'abord, et si l'on survit aux poisons, peut-être que son cancer sera détruit au passage. Rien n'est garanti, pas d'obligation de résultat, pas de contrat, pas de consentement éclairé non plus.

Je pense à cela en me dirigeant vers le service de radiologie où l'on va vérifier que le tuyau est bien en place et arrive dans une veine proche du cœur. Il ne faut surtout pas que les produits de chimiothérapie soient en contact direct des veines périphériques ; le tuyau les achemine donc presque jusqu'au cœur, qui les éjecte pour qu'ils soient diffusés par le sang. Pour plus d'explications sur le circuit sanguin, se reporter à votre cours de quatrième. (Celui-là, je ne l'ai pas séché.)

J'ai encore une démonstration du caractère particulier du personnel radio en attendant mon tour dans la file. Une dame, très abîmée par le cancer et les soins, est poussée sur un fauteuil par une technicienne. Elle la met dans un coin en attendant le brancardier. Outre une perfusion, cette femme a une alimentation par sonde nasale. Elle est sur son fauteuil les fesses à l'air, la blouse béante dans le dos, la sonde urinaire et la bouteille accrochées au fauteuil – pas de drap pour la couvrir, sa dignité est restée quelque part en chemin. La manipulatrice s'éloigne guillerette lorsque je l'interpelle pour lui demander d'apporter un drap à la malade et lui suggère de nouer sa blouse. Je suis, moi, encore en tenue de bloc. Son regard interloqué cherche une explication : je ne porte pas de blouse, je ne suis donc pas médecin. Mon ton et mon regard suffisent pourtant, et elle s'exécute.

Plus tard, lorsque j'ai le dos collé à la plaque de capture, c'est elle qui actionne le matériel d'imagerie. Je lui parle des limites de la maltraitance qu'elle a franchies allégrement en ne prenant pas soin de la malade en fauteuil, et après l'inusable *Respirez, ne respirez plus, respirez*, je lui explique qu'on ne lui demande pas grand-chose – juste de la considération. Nous ne sommes pas encore de la viande au crochet.

Je quitte le service, je remonte m'habiller. J'ai oublié ma tenue de Batman au vestiaire du bloc…

J'ai une liste de médicaments à prendre à mon arrivée dans le service d'hospitalisation de jour, prescrite par mon oncologue lors de notre première rencontre. Le protocole limite les fameuses NVCI (nausées-vomissements-chimio-induits). La prise en charge est composée d'une triple association de médicaments. (J'apprendrai plus tard que ce n'est pas généralisé, et que certains patients arrivent sans aucune prémédication, avec les conséquences évidentes que l'on imagine.) Organisée, j'ai tout transcrit sur une feuille – les prises du jour, et celles des jours suivants, la date à laquelle je dois demander à l'infirmière de m'injecter les produits stimulant la production de globules blancs et qui doivent lutter contre la baisse des plaquettes. J'ai des masques pour les visiteurs au cas où je me retrouverais privée de défenses immunitaires. Ce sera inutile.

Mon amie Hélène me met en garde. *Pour la culotte, prends la plus moche ! Le produit est rouge, et si tu en lâches une goutte, la culotte est foutue.* (Ma mère aurait apprécié.)

Si l'attente est chronique en cancérologie, pour la chimiothérapie, on atteint des sommets. J'attends trois heures avant cette première perfusion. La consultation de prescription n'a duré que sept minutes – aucun effet secondaire à signaler, l'oncologue calcule la dose liée à mon poids, et la commande part de son poste de travail vers la pharmacie. Il faut ensuite réunir deux conditions pour l'étape perfusion. Il faut tout d'abord que les poches de chimiothérapie soient préparées par la pharmacie centrale du centre, située au sous-sol, et acheminées dans la bonne unité du service, qui en compte cinq ; puis que l'infirmière qui distribue les places dispose d'un box libre.

L'hôpital de jour, c'est un hôtel d'où l'on sait que l'on ressortira en moins bon état qu'à l'arrivée, mais où l'on ne peut pas demander de séjour gratuit *all inclusive*, parce que la prestation n'est pas à la hauteur des attentes. Côté standing, c'est design et mal foutu. Les box sont agencés de telle sorte que l'on voie le/la voisin(e) allongé(e) de l'autre côté du couloir de circulation, et les pieds de son voisin. Il y a le Wifi, on peut communiquer avec l'extérieur, et c'est bien. La bande-son composée d'alarmes de perfusions terminées est un peu répétitive. Je n'allume pas la télévision.

Trois heures, c'est long, mais c'est sympa pour papoter avec les autres. Celles qui se tordent ou non les mains, celles qui sont accompagnées de leur mère, leur amie, leur mari, leur père ou leur fils. Je fais la connaissance de femmes qui ont une à deux cures d'avance sur mon planning et la même prescription. J'évalue la dégradation de leur condition physique. Elles évaluent mon état. Je ne regrette pas d'être venue seule.

Ma procédure dure deux heures, rinçages intermédiaires et final inclus. L'infirmière m'installe, branche son matériel à mon cathéter et m'injecte une dose de cheval de cortisone. Je n'ai pas le temps de lui dire que j'ai déjà pris par voie orale la même dose. Après cette première bourde (qui n'a pas de conséquence grave), je photographie chaque document, chaque poche, et j'annonce d'office la liste des prémédications absorbées, pour éviter les surdosages. La première cure se déroule sans autre accident, j'ai eu plus d'appréhension que nécessaire.

Je me félicite d'avoir fait une petite marche ce matin, avant d'y aller.

Le taxi m'attend à la sortie. Je prends le temps de fumer une cigarette, et nous rentrons. Je dîne d'une tasse de bouillon de poule, un peu de compote et, épuisée, je me couche, les bras toujours calés par les coussins. Sur ma table de nuit, un Thermos de thé vert et de gingembre : il faut aider mon organisme à éliminer la chimie. J'ai mal au crâne et des acouphènes, je prends ma tension, assez basse, comme d'habitude.

Aucune infirmière n'a pris la peine de me donner le moindre conseil pour les suites de la cure ou de me laisser un numéro à appeler en cas d'urgence. Tous mes symptômes sont dus aux médicaments contre les effets secondaires – encore un mal pour un bien. J'ai acheté une bassine neuve, posée au pied du lit, au cas où les médicaments de dernière génération associés aux vieux antiémétiques ne suffiraient pas.

Mon mari est là, je suis rassurée.

La nuit est courte, ponctuée de passage aux toilettes pour éliminer le thé et de quelques nausées. Au réveil, le teint vermillon vers trois heures du matin, je termine le thé vert, attends un peu et mange. Les nausées disparaissent grâce aux médicaments. Le mal de crâne revient (confirmant qu'il s'agit bien d'un effet secondaire des médicaments contre les effets secondaires). Je prends un comprimé de paracétamol pour traiter le symptôme. Mon généraliste me conseille de rallonger la durée de la prise de cortisone.

Les aphtes arrivent vite et perturbent un peu ma vie quotidienne, mais je me considère comme chanceuse. J'évite pas mal de désagréments. La fatigue prévue dans la liste des cadeaux est, elle, bien au rendez-vous, et augmente encore après l'arrêt de la cortisone. Je dors, je somnole. Ma belle-fille, qui a pris le relais de mon époux, peut avancer sur son rapport de stage pendant mes longues siestes. Sa présence affectueuse et souriante est rassurante, et ce séjour est l'occasion de tisser de nouveaux liens, seule à seule. Elle s'occupe de l'intendance et prend grand soin de moi. J'en suis émue, et sa générosité me touche.

Bien que préparée, elle n'a pas à faire face aux défaillances physiques annoncées par la littérature médicale, et c'est une chance. J'ai troqué avec un ami des confitures contre un important stock de crèmes non remboursées, mais indispensables pour protéger ma peau. Hélène m'a envoyé ses reliquats de produits pour protéger les ongles. Grâce aux économies, je graisse sans compter, je masse deux fois par jour mon corps et mon visage ; chaque matin, je peins mes ongles. Je n'ai jamais passé autant de temps dans ma salle de bains !

Au sixième jour, après une récolte de cheveux un peu abondante et prématurée sur mon oreiller, je sors la tondeuse de la salle de bains et, sur la terrasse ensoleillée, nous nous installons pour une séance de rasage ponctuée de joyeuses pauses photographiques. J'ai préparé les couvre-chefs achetés pour la saison ; crâne nu et sous le regard de ma belle-fille, je les essaie. Nous testons les looks les plus improbables (je me trouve une certaine ressemblance, de profil, avec Alfred Hitchcock). Je préfère le chapeau de mafieux des films des années quarante. J'ai le costard, le chapeau, et la tête qui va avec. Lors de mes promenades quotidiennes, quand le froid s'installe, je mets des bonnets et des vestes à capuche – toujours gangster, mais un peu plus contemporain. L'épicier du village commente en souriant mes essais – et ma résistance physique.

Une de mes filles prend le relais pour la fin de semaine et reste un peu le week-end, pour passer du temps avec son père. Mon mari est content de sortir de notre huis clos, et les visites des enfants apportent un peu d'air frais. Le soir, il a aussi de la compagnie, et des sujets de conversation plus variés.

Puis c'est un de mes fils qui arrive. Il aide son père à rentrer le bois pour l'hiver. Le soir, nous sommes tous les trois rincés – pas pour les mêmes raisons. Sa femme est restée à Paris avec leur fils ; elle se ménage, car elle est enceinte d'un deuxième bébé. L'arrivée de cette petite-fille prévue au printemps me réjouit et nous détourne de la maladie. La vie continue, et j'en suis heureuse. Profondément heureuse.

Ce week-end-là, le *New York Times* publie mon témoignage parmi une série de portraits de femmes. Les enfants sont fiers et rassurés. Ils prennent des nouvelles chaque jour, parfois deux fois par jour.

La cicatrisation n'avance pas, mais rien d'alarmant sur ce front-là. Mon généraliste répond à toutes mes questions, et les copains se chargent du divertissement sur les réseaux sociaux. Mes infirmières n'aiment pas trop le jour où il faut changer le pansement et rincer le cathéter du bras ; elles manquent de formation. Enfin, surtout l'une d'elles. Armée de mon miroir, je surveille les gestes.

Puis c'est le jour de la seconde cure. Et là, ça se gâte un peu…

Résumé de la journée : on perd mes poches de cure dans les services – perdues, égarées, oui, c'est possible –, mon cathéter bouge et sort du cœur, il faut trouver une solution, cela prend du temps, ordres et contrordres aggravent le retard. Pour finir, j'ai ma dose de chimie, je rentre sans cathéter – ce qui est bien le seul élément positif de cette journée. Je suis la dernière patiente à quitter l'étage – il est vingt heures passées.

Je rentre donc à la maison sans le cathéter central – ce qui signifie aussi trois semaines de douche sans emballage plastique. Il ne m'en faut pas beaucoup pour être heureuse ! Mes infirmières bénéficient par la même occasion d'une remise de peine de trois semaines sur les changements de pansements du bras.

Le soir de la cure, une de mes filles arrive et peut constater que je ne suis pas trop abîmée. J'ai toujours bonne mine – vermillon de cortisone et luisante de crème.

Entre mes siestes, nous planifions le week-end suivant la troisième cure, où toute la tribu doit se réunir pour célébrer Hanoukka. Je me sens suffisamment forte pour préparer les agapes et recevoir tout mon monde. Comme chaque année, je vais préparer un livre de recettes de la famille, illustré de photographies de l'année écoulée et d'archives familiales. Cette année, je veux que la fête soit belle. Nous n'avons pas pu nous retrouver en septembre pour la nouvelle année juive, et Hanoukka, qui est pour les enfants l'équivalent de Noël, doit être réussie. Je commande les cadeaux sur Internet. J'ai prévu de décorer la maison et commencé à confectionner quelques gourmandises. Mon fils qui assure la semaine de garde m'aide à trier les photos, et ce chantier occupe la semaine. J'y travaille le matin et après la sieste de deux ou trois heures en fin de journée. Le livre part à temps chez l'imprimeur numérique.

Côté thorax, le protocole du plasticien fonctionne et, millimètre par millimètre, les trous se comblent, semaine après semaine. J'apprivoise les douleurs, j'espère qu'elles n'empireront pas. Espoir déçu : le poison fait son œuvre et m'intoxique cure après cure.

Cancer et génétique

Lors du premier rendez-vous avec mon oncologue, j'avais tenté la question de l'oncogénétique et demandé quelle était la démarche à suivre pour rechercher si j'étais porteuse de mutations des gênes identifiés comme étant les plus fréquents dans ma pathologie. La réponse avait été lacunaire, et il m'avait simplement proposé de m'adresser au secrétariat, pour contacter le service d'oncogénétique du CLB. Je fais mes devoirs et, entre deux cures de chimio, je travaille la question.

J'ai appris qu'en France le délai moyen (et optimiste) d'obtention des résultats est théoriquement de huit mois – et en pratique plutôt de douze. Des tests existent ailleurs en Europe, et le délai n'est alors que de deux semaines. Je me demande d'où vient cette différence, essentiellement motivée par le refus des autorités françaises d'utiliser le test breveté par une société américaine qui, selon les communications de 2001 de l'Institut Curie, de l'APHP et de Gustave-Roussy, s'avérerait insuffisant pour tester les populations générales en France…

Il se trouve que leur test est en tout cas pertinent pour les mutations des populations juives ashkénazes. Et comme je suis ashkénaze à 100 %, je me contrefiche temporairement de la population générale et me préoccupe de ma famille. Parce que mon cancer est là, qu'il est bilatéral, qu'il est survenu avant la ménopause, et que je rentre pile-poil dans le panel des populations à risques. Si ce test s'avère positif, j'ai le devoir d'en informer mes descendants, masculins et féminins, mes frères, mes cousins, mes cousines, etc. Après, à eux de faire le choix du dépistage, en France ou ailleurs.

En France, la population ashkénaze est minoritaire au sein de la population juive, du fait de son histoire (la déportation des 76 000 juifs de France n'y est pas étrangère). Cette population juive est ultra-minoritaire au sein de la nation. Elle représente à peine 1 % des individus, ce qui, pour les autorités de santé, n'est d'aucun intérêt en matière de politique de santé publique.

Je me renseigne donc, et réitère ma demande auprès de mon oncologue. Il me donne le nom du laboratoire le plus proche qui utilise le test américain et me dit *Vous allez à Genève, et vous aurez votre test sans problème*. Je contacte le fabricant du test par mail.

On me répond en moins de vingt-quatre heures, et le laboratoire suisse m'adresse les documents à remplir et à faire signer par mon médecin. Le prix de ce test est de cinq cent vingt francs suisses – autant dire que je n'ai aucun espoir que la CPAM me le rembourse, alors qu'elle prendrait en charge la recherche effectuée en France. Je n'ai pas à me déplacer, ce qui, entre deux cures, m'arrange bien. Je fais prélever par une infirmière deux tubes de mon sang, que j'envoie par la poste. Cela n'est pas très légal, mais le risque est pour le laboratoire qui n'a pas d'autorisation pour exercer en France. J'envisage de prendre rendez-vous avec les équipes du CLB, qui ont l'air très performantes, après les résultats de ce premier test qui, je l'ai vu, n'est pas complet, mais correspond aux mutations fréquentes au sein du groupe de population auquel j'appartiens. Ma démarche devrait permettre, je l'espère, de clarifier la situation de notre famille et de prendre les mesures de suivi si nécessaire, afin de minimiser les risques.

Je considère qu'en faisant ce test j'exerce ma responsabilité parentale, mon rôle étant de préserver et armer autant que possible mes enfants pour faire face aux nombreuses vicissitudes de la vie. Les progrès en médecine et en génétique leur donneront plus de chances de connaître leur statut génétique, mais ne les empêcheront peut-être pas de développer des cancers et d'autres maladies liées à notre environnement ou à nos modes de vie.

Je reçois les résultats dans les délais annoncés, et les gènes étudiés sont indemnes des mutations ciblées. Un poids très lourd s'envole. Le laboratoire tente bien de me vendre un test complet pour quatre mille francs suisses. Je refuse. Les limites de mon budget sont déjà dépassées.

Vient le jour où une ministre en exercice donne une interview au journal *Le Monde*, dans laquelle elle déclare être l'une des cinquante mille femmes diagnostiquées pour un cancer du sein l'année précédente. Elle a attendu la fin des soins pour sortir du placard. Un *coming-out* très mesuré, qui n'a rien de courageux, car elle tartine une belle histoire qui me fait bondir, tout comme d'autres patientes moins privilégiées.

La ministre parle perruque, image et travail. Son courage est salué par les bien-portants. Les malades sont plus réservées, car la ministre n'a pas profité de cette expérience pour défendre publiquement leur cause et dénoncer les défaillances et les inégalités du système de soins et d'accompagnement. Elle se prend un retour de bâton assez violent dans les médias, et je m'exprime sur le sujet sur le blog, de manière peu gracieuse. Quelques jours plus tard un hebdomadaire me demande de rédiger un éditorial plus policé. Je m'exécute.

Madame,

La semaine dernière paraissait dans Le Monde *un long article illustré par votre portrait avec perruque, parce que, ministre déléguée auprès de la ministre des Affaires sociales et de la Santé chargée de la Famille, vous annonciez que vous étiez atteinte d'un cancer du sein. Un cancer traité, comme le mien et comme celui de nombre d'autres femmes, mais sûrement pas dans les mêmes conditions.*

À la lecture de l'article, j'ai d'abord pensé que la journaliste avait oublié d'aborder les sujets majeurs qui hantent la vie des patientes atteintes de ce mal, pour se contenter d'un nouvel épisode du storytelling des people au pays des Bisounours. Mais c'est le concert de louanges médiatiques saluant votre courage à rester à votre poste qui m'a excédée et poussée à vous écrire.

Je suis un peu plus jeune que vous, Madame ; j'ai cinquante-trois ans et, depuis le mois de juillet, je sais que je suis atteinte d'un carcinome lobulaire infiltrant bilatéral, ce qui, en langage commun, est un cancer invasif des deux seins. Comme vous, j'ai choisi d'en parler publiquement au travers d'un blog, mais je ne suis pas un personnage public, juste une malade ordinaire qui s'informe et se questionne sur ses options thérapeutiques, une malade qui ne voudrait pas rejoindre la liste des onze mille cinq cents femmes qui meurent chaque année du cancer du sein.

Contrairement à vous, j'ai dû m'arrêter de travailler afin d'enchaîner les examens permettant de circonscrire mon cancer. J'ai cessé de travailler aussi parce que l'annonce du diagnostic m'a paralysée d'angoisse à l'idée de la probable découverte de métastases, et effrayée des conséquences de l'arrivée du cancer dans ma vie et dans celle de ma famille. J'étais pourtant bien armée pour faire face, ayant surmonté un cancer de l'utérus à trente-deux ans. J'ai dû avertir mes clients et mon employeur – je suis consultante en stratégie digitale – de mon incapacité à poursuivre ma mission.

J'ai pris le temps de parler à ma famille de ce qui allait se passer. Le cancer ravage tout sur son passage : vie professionnelle, vie quotidienne, tout bascule, et vite.

Madame la Ministre, parlons donc, si vous voulez contribuer à l'amélioration de la vie de toutes celles qui luttent contre cette maladie, de ce que vous auriez pu proposer dans ce portrait, au lieu de faire état de votre parcours de soins privilégié : la plupart des femmes n'ont pas encore droit partout à l'accès aux meilleurs choix de traitement et à un accueil dans un centre référent dans les meilleurs délais.

Vous avez obtenu un rendez-vous de diagnostic à l'Institut Curie en trois jours, ce que le centre des maladies du sein du Centre Léon-Bérard à Lyon propose à chaque femme, et j'ai été reçue dans ces délais, mais il n'en est pas de même sur l'ensemble du territoire, faute de personnel et de budget.

Aucune femme ne devrait se heurter au refus de sa caisse d'assurance maladie pour la prise en charge de son transport sous prétexte que, dans sa ville moyenne, un hôpital non spécialisé est susceptible de lui administrer sa cure sans personnel formé et sans oncologue présent.

Le Plan Cancer prévoit un accompagnement dès l'annonce de la maladie, mais, faute de budget toujours, les hôpitaux sont surchargés. Les femmes ressortent trop souvent de consultations de chirurgie assommées et désemparées par l'annonce d'un cancer, et doivent se tourner vers leur généraliste, auquel aucun élément du diagnostic n'a souvent été communiqué en temps réel comme cela est censé se passer. Un poste d'infirmière pivot par centre anticancer, c'est trop peu.

Vous nous parlez de votre perruque et de votre vernis – agissez plutôt pour la prise en charge des soins de support (pourtant obligatoires). Un exemple? Le suivi psychologique des malades et de leur famille n'est toujours pas pris en charge hors des structures. N'oubliez pas le taux ridicule de prise en charge de LA perruque (125 euros) depuis 2006, pour un coût réel de 600 à 700 euros.

Agissez contre l'indigence des structures d'aide à domicile et l'absence de formation des personnels, revalorisez la cotation des actes des médecins généralistes, infirmiers et infirmières libérales, qui nous soignent avec dévouement au quotidien entre les chirurgies et les cures.

Réduisez l'inégalité d'accès aux bilans d'oncogénétique et la centralisation des analyses, quand des délais de douze mois sont la norme en France, contre quinze jours ailleurs en Europe.

Nous attendons de vous, Madame la Ministre, que vous continuiez à agir pour toutes les malades, celles qui sont obligées de s'arrêter de travailler, celles qui n'ont pas accès aux médias, celles qui sont seules et sans moyens.

L'article paraît la veille de la troisième cure. J'ai de nouveau rendez-vous au bloc pour la pose du nouveau cathéter. Une infirmière et un infirmier stagiaire un peu pataud sont à la manœuvre. Lorsque le stagiaire m'appuie sur les cicatrices douloureuses du buste, je lui demande de retirer ses mains et de s'écarter. *Vous regardez, vous ne touchez plus !* Un formulaire de plus à signer. Une autre radio de contrôle, et retour à l'étage des chimiothérapies. Pas d'incident notable, pas trop d'attente, je rentre et, aidée par la cortisone, je reprends le lendemain les préparatifs des fêtes.

Il me faut une semaine pour préparer les repas du week-end en famille. Je suis fière de moi. Plus lente, mais fière. Je l'ai fait. C'est joyeux, animé par les cris d'enfants et les premières neiges en altitude – Noël un mois avant l'heure.

Je crains un peu la réaction de mes petits-fils, qui ne m'ont pas vue depuis l'été, avant la chirurgie. Ils ont presque trois ans et parlent beaucoup, ils sont futés et curieux, et rien ne leur échappe. C'est la grande période des *pourquoi* des *terribles trois.* Nous nous sommes parlé par Skype, et ils ont remarqué que je porte un bonnet, mais sans en demander la raison.

Tous les poils de mon corps ont disparu. Encore un avantage de la chimiothérapie : inutile de s'épiler. Mon visage a changé. Je n'ai plus de sourcils, et mes cernes, marques de fabrique familiales, sont plus accentués. Voilà, ça se voit que je suis malade. Cela rassure celles et ceux qui en doutaient.

À la maison, je porte un bandana ou un bonnet sur mon crâne chauve quand il fait froid, ou quand j'ai de la visite. J'estompe les cernes avec du maquillage, et je me dessine des sourcils avec un crayon adapté. Là s'arrêtent mes efforts. Je n'ai jamais été une grande fan du maquillage.

Bandit entre dans ma chambre sans prévenir et me cueille tête nue. Entre deux bouchées de gâteaux, il me dit que je ressemble à son grand-père. Je lui réponds que mes cheveux repousseront ; en revanche, pour son Papy, c'est sans espoir. Il rit. Il note aussi que je n'ai plus de poitrine, mais apprécie mon ventre toujours confortable. Son cousin le rejoint sur le lit, il ne fait aucune remarque ; tout est normal : Hanoukka, les bougies, les cadeaux. Fin de la discussion. Je me suis angoissée pour rien. Ils se mettent à sauter sur le lit.

Pour la semaine postcure, j'ai décliné l'accompagnement familial. Je me débrouille avec mon quotidien, mes enfants peuvent reprendre le cours de leurs vies.

Le dimanche soir, quand tout le monde est reparti, je me plains d'une douleur au bras d'où émerge le cathéter ; mon mari regarde et trouve que c'est un peu rouge et un peu chaud. On applique une poche de glace et je prends un anti-inflammatoire. J'ai un rendez-vous le lendemain avec un plasticien à Bérard pour le suivi des pansements, je lui montrerai mon bras.

Cela fait deux mois que, hormis mon généraliste et mes infirmières, personne n'a suivi la cicatrisation des merdouillages de mes balafres thoraciques. Tout se passe bien, mais le plasticien de Bérard qui a hérité de mon dossier a demandé à me voir. Après m'avoir annoncé qu'il quitte le centre fin octobre, il refile mon cas à l'un de ses collègues, puis il change d'avis – non sans avoir renégocié son contrat, comme il me l'expliquera en consultation. Il déplace quatre fois ma date de rendez-vous, et le jour vient de lui présenter mes cicatrices.

Le jour est le bon cette fois, mais l'heure est bien dépassée. On en est à J+56 depuis la dernière consultation et le changement de protocole concernant mes pansements, préconisé par le médecin que j'ai consulté à l'extérieur – qui se trouve être aussi celui qui a formé le plasticien. Contre toute attente, malgré la chimio, mes trous se sont presque refermés. Pas de quoi pavoiser non plus : j'ai été opérée le 20 août, cela fait donc plus de cent jours que nous changeons mes pansements chaque matin.

La veine portant mon cathéter et mon coude me font un mal de chien. J'ai contacté la veille le service d'anesthésie pour les alerter – c'est le protocole du petit livret de la PICC line remis la semaine précédente. La fille au téléphone a dit *Passez à l'UGEI leur montrer.*

L'UGEI, cela signifie « urgences » en novlangue cancéreuse, pour unité de gestion des entrées imprévues. Ce choix sémantique est assez signifiant, comme dirait mon copain Sigmund. Il ne s'agit pas d'*urgence* mais d'imprévu. Nous sommes dans le monde merveilleux de Cancerland, celui où le cancer est glacé au chocolat et parfumé à la vanille.

À quatorze heures vingt, je suis en salle d'attente de chirurgie, et le chirurgien n'a toujours pas commencé ses consultations. Deux dames attendent leur tour, je suis troiz', Will ! Respecter le planning ? À quoi bon – les cancéreuses n'ont que ça à faire d'attendre.

J'aperçois une infirmière que j'ai déjà croisée lors de mes nombreuses visites et lui propose *Comme il va me faire poireauter, pourriez-vous regarder mon bras et me dire ce que je dois faire, histoire de gagner du temps ?* La fille est sympa ; elle m'installe en salle de pansement, déballe mon bras et dit *Ah oui, c'est pas joli.* Ma voix intérieure me susurre *Non, sans blague, tu crois ? Je ne peux plus poser le bras depuis le retour de chimio tellement j'ai mal.* Ce qui sort de ma gorge : *Je vous avais prévenue !* Elle : *Attendez, je vais appeler l'anesthésiste qui consulte à côté pour avoir son avis.* Elle l'appelle, il arrive. L'Ours des Carpates, le même qu'en juillet, celui que j'ai croisé cent fois dans les couloirs depuis, le type que j'ai civilement salué par son nom et qui, pas une fois, n'a levé les yeux de ses Crocs verts ridicules pour répondre. Il entre dans la salle (ni bonjour ni merde – à quoi bon user de la salive, hein ?), il tend la main (non pas pour serrer la mienne, mais pour saisir mon bras). Moi je prends sa main et dit *Bonjour, Docteur !* Silence. Il regarde et dit à l'infirmière *C'est une thrombose, faut faire un doppler* – et ressort.

Là, il y a comme un flottement. La pauvre prédit *Il va le prescrire, retournez en salle d'attente et on se voit après*. Elle sait que c'est un goujat, un ours mal léché, un handicapé des relations sociales. Je continue à attendre – une heure vingt –, et j'ai mes cinq minutes de consultation inutiles avec le plasticien. Il ne s'excuse pas de son retard – à quoi bon ?

Je retourne voir l'infirmière, elle ne sait rien sur mon doppler ; comme l'Ours des Carpates sort de sa grotte à intervalle régulier pour chercher les patients, je le harponne et lui demande ce que je fais pour le doppler.... Mais il n'a pas l'air de me reconnaître.

– *Je suis le bras que vous avez examiné en salle de pansements, vous savez ?*

– *Ah, faut voir l'infirmière.*

– *Ben non, l'infirmière dit que VOUS DEVEZ PRESCRIRE LE DOPPLER.*

– *Grmpff.*

Il s'éloigne, indifférent, les yeux toujours baissés sur ses chaussures de bloc. L'infirmière m'envoie en radiologie. Pas de prescription, pas de place, pas de doppler. Pour ne pas poser de pain d'explosifs dans les Crocs de l'anesthésiste, je sors fumer, préviens mon taxi que je change de bâtiment et monte à l'*unité de gestion des entrées imprévues*. Cette zone de Cancerland, je la connais : elle est juste à côté des chimiothérapies. En marchant, je pense à la citation d'Adolf Rudnicki : « Ceux qui souffrent et qui perdent sont toujours un objet de mépris. »

Je vais au bureau des infirmières, mon cathéter à l'air. Cela fait des heures que je suis là, pour cinq minutes de consultation. Je n'ai pas fait de sieste, et nous sommes toujours à J+6 postchimio. Mon humeur égale celle d'un pitbull privé de nourriture depuis quarante-huit heures. Passe enfin une infirmière que je reconnais – c'est elle qui m'a fait ma première chimio. *Oh non, pas vous! Pas TOUS les emmerdements pour vous, pitié, laissez-en aux autres.* Et là, en cinq minutes, elle me prend en charge, m'installe dans un box, l'oncologue de garde arrive (frétillant, poli et sympa), il a vu mon dossier, je n'ai pas à raconter le nouveau cathéter ni l'ancien... Il me prescrit un doppler, des antalgiques pour me soulager, et on m'appellera dès qu'on aura un créneau pour un rendez-vous. Retour à la maison. Joli score de mon taxi : à peine quarante-cinq minutes, malgré les embouteillages. Je suis épuisée.

Comme prévu, on m'a fixé un rendez-vous le lendemain pour le doppler tant attendu. J'ai en tête la discussion avec mon oncologue sur le statut de la tumeur de mon plexus, invisible au bilan d'extension et découverte lors de la chirurgie, mais inopérable à cause du risque de lésions, hémorragies, paralysie partielle ou totale du bras droit. Cette discussion, je la ressasse depuis une semaine sous forme de problème de mathématique.

– Si la tumeur A n'était pas visible lors des examens d'imagerie préopératoire, que la chimio et la radiothérapie sont censées la détruire, quelles sont les chances de réussite, et comment évaluerez-vous le succès ?

– Euh, on ne saura pas.

Silence.

– Pas anxiogène du tout.

– J'admets.

– Et côté radiothérapie, vous prévoyez quoi ?

– Trente-cinq séances.

– Et ils viseront quoi ?

– Ben, tout le thorax.

Là, j'aurais dû enchaîner avec la question subsidiaire…

– À quoi bon, donc, m'infliger cette saloperie de programme thérapeutique ?

Mais, dans un moment de flottement, je ne l'ai pas fait. À la place, je suis allée en chimio. Et je ressasse.

Le temps passe, je m'énerve, je vais voir la secrétaire qui est enfin arrivée et je demande si elle peut localiser la radiologue. Je deviens moins civile, et mon champ lexical s'enrichit quand je suis énervée. Au bout de quarante-cinq minutes, le manipulateur me fait entrer dans une cabine. J'apprends que dix minutes après m'avoir éjectée de radiologie, il a reçu la prescription, mais le radiologue de service a refusé l'examen – on suppose pour surcharge du service. Service dont les couloirs étaient vides. Ou parce qu'il avait une réunion de parents d'élèves. Ou piscine. Ou golf : il faisait beau.

La radiologue entre dans la salle. Il est deux heures et demie, elle a donc une heure de retard. Le manipulateur l'a prévenue que je suis en pétard ; j'ai entendu la conversation à travers la porte. Elle se défend d'entrée : elle n'était pas en pause-déjeuner. J'en ai rien à faire d'où elle était – golf, piscine, bistro –, j'ai aussi une vie et autre chose à faire. Discussion du type *Ce n'est pas ma faute, c'est Murphy*. Pitié, rendez-moi la jeune et jolie radiologue qui ne me faisait pas trop attendre et avec laquelle je pouvais au moins discuter ! Mais la finaude, pour changer de Cancerland, est partie au soleil, et je reste avec sa collègue.

Celle-ci défait mon pansement stérile, et je tente de m'installer – la salle n'est pas conçue pour examiner le bras gauche, l'échographe est mal positionné, il n'a pas de roulettes. Après des contorsions diverses et le badigeonnage de gel non stérile à proximité du point de ponction du cathéter, elle confirme la thrombose. Elle n'a rien pour refermer le pansement. Je me débrouille, me rhabille, je change de bâtiment et je remonte à l'*unité de gestion des entrées imprévues*. Comme c'est la même équipe que la veille qui est en service, on gagne du temps. L'oncologue est surchargé mais se souvient de mon cas, et j'obtiens enfin la prescription adéquate – un mois d'injection d'héparine de bas poids moléculaire ; bref, des injections d'anticoagulants. Je pars avec mes prescriptions, le pansement toujours en vrac après un énième incident qui a eu raison de ma patience. Je préviens mon infirmière pour qu'elle passe à mon retour.

Dans la voiture, j'enrage. Mon bras est douloureux, il y a un caillot et un risque d'embolie s'il migre et remonte vers mes poumons. Je rumine encore quarante-huit heures la question de la poursuite du traitement.

Le week-end arrive. Mon infirmière s'étonne. *Ils ne vous ont pas prescrit de prise de sang de contrôle ?!* Je vérifie, et je constate qu'il s'agit pourtant des recommandations de la Haute Autorité de santé en cas de traitements par anticoagulants. J'envoie donc le lundi un mail à mon oncologue traitant, qui était absent lors de mes deux visites *imprévues*.

Cher Docteur,

La semaine dernière je me suis rendue deux fois à l'UGEI où, en votre absence, votre confrère, le Dr Machin, m'a diagnostiqué, après doppler du bras gauche, une thrombose veineuse au point de ponction du PICC. Il a prescrit un traitement par héparine.

Je m'étonne du dosage, qui correspond à un poids supérieur au mien, et de la durée du traitement. D'autre part, aucune surveillance des plaquettes n'a été demandée. En prévision de la prochaine cure et au vu des réactions allergiques que j'ai observées et éprouvées avec le protocole FEC, serait-il judicieux de modifier l'ordonnance initiale de corticoïdes, et de substituer au Zophren qui me provoque des maux de tête du Kytril ?

Sur les points précédents, merci de me tenir informée de vos instructions.

À la suite de notre discussion sur l'effet non mesurable des traitements sur la tumeur du plexus, j'en suis à la phase « est-ce réellement utile de poursuivre, si on n'est pas capable de savoir si cela fonctionne », accompagnée de « ce cancer est-il à durée indéterminée, et allez-vous finir par m'annoncer des chimios au long cours à cause de cette tumeur ».

Il est clair que l'absence de suivi psychologique (malgré mes demandes répétées depuis la chirurgie) et les ratés de prise en charge n'arrangent pas ma tendance à la remise en cause des protocoles. Dans l'attente de vos réponses, je vous souhaite une excellente semaine.

Formule de politesse, signature

PS : Je mets en copie de ce mail mon médecin traitant, afin de le tenir informé.

Mail de retour de la secrétaire : *Venez donc en consultation jeudi.* Ma réponse : *Non merci, je suis assez fatiguée ; mais par téléphone, ça ira aussi.*

Je fais une prise de sang, les résultats sont un peu chaotiques. Encore un mail à l'oncologue, réponse quasi immédiate. *Ne vous inquiétez pas, c'est normal à ce stade de la régénération médullaire.* Rassurée sur ce point, j'attends notre entretien téléphonique sur le reste.

Une amie, qui vit aux États-Unis, est de passage en Europe. Elle a été pleine d'attentions à mon égard depuis le diagnostic. À distance, nous discutons régulièrement par Internet à mon réveil, avant qu'elle se couche. C'est pour moi un rendez-vous précieux. Elle vient me rendre visite avec sa petite-fille.

Aux portes de l'enfer

Je crains cette quatrième cure de chimiothérapie. On change de protocole, et les femmes que je croise le jeudi toutes les trois semaines, celles qui partagent le même protocole que le mien, celles qui ont une à deux semaines d'avance sur mon planning, ces femmes, mes témoins, elles vont mal.

La liste des effets secondaire du Taxotere a de quoi faire peur, très peur. Bien entendu, mon oncologue se veut rassurant. *Toutes les patientes n'ont pas tous les symptômes ; vous avez bien supporté le traitement, ça devrait aller.* Je n'y crois pas une seule seconde.

Le principe actif de cette cure est un dérivé d'une molécule extraite de l'if européen. Un poison qui bloque la mitose cellulaire. *Le principe actif de Taxotere, le docétaxel, appartient au groupe des médicaments anticancéreux connus sous le nom de* taxanes. *Le docétaxel bloque la capacité des cellules à détruire le « squelette » interne qui leur permet de se diviser et de se multiplier. Lorsque le squelette reste en place, les cellules ne peuvent pas se diviser, et finissent par mourir. Le docétaxel affecte également les cellules non cancéreuses, telles les cellules sanguines, ce qui peut entraîner des effets indésirables.*

J'ai pris toutes les mesures préventives possibles pour réduire les effets secondaires. Je réduis les risques – sans succès.

Au troisième jour, alors que je pense être passée entre les gouttes, je suis foudroyée par des douleurs neurologiques. Chaque centimètre carré de mon corps me fait souffrir – brûlures, décharges électriques, douleurs irradiantes, j'ai droit à la panoplie complète. Mon mari est à mes côtés, impuissant. Pour la première fois je ne peste plus, je ne me rebelle pas, je geins, recroquevillée comme un chien blessé. Écrasée par la douleur, par les douleurs.

Je prends tout ce que mon médecin m'a prescrit, dans l'ordre et sans aucun autre effet que de me mettre le cerveau à l'envers. Je fume l'herbe que mon fils a réussi à me procurer. Aucun effet sur les douleurs. J'ai besoin d'aide pour me rendre aux toilettes où je me vide sous le regard effaré de mon mari – je ne peux pas rester seule sur la cuvette, il craint que je tombe. J'en pleure de rage. Mon généraliste tente de trouver une solution, rien ne me soulage. Cent quatre-vingt-douze heures en enfer.

J'ai la bouche en feu, les pieds et les mains brûlés, le corps douloureux. Malgré tout, nous crémons mes mains et mes pieds, nous utilisons tout le stock de poches de froid et les glaçons pour retarder l'apparition des cloques. Mes ongles sont protégés par les trois couches de vernis censés prévenir leur chute. Les cloques apparaissent, on soigne. Les infirmières sont atterrées : en cent trente jours de soins, jamais elles ne m'ont vue aussi mal.

Ma fille et son amoureux viennent pour célébrer son anniversaire, juste après Noël. J'ai heureusement déjà acheté son cadeau avant la cure. Je reste au lit, incapable de tenir plus de quelques minutes sur le canapé à côté d'eux.

Le fond du trou. Je pense à me suicider. J'ai tout ce qu'il faut dans mon tiroir. J'ai atteint les limites de mon corps, les limites de la prise en charge. Mes limites.

Je prends la décision d'arrêter. Il n'y aura pas de cures cinq et six.

J'appelle mon oncologue, et nous convenons de nous voir après la nouvelle année. Nous ne célébrons rien. Les névralgies sont tenaces, mais bien moins intenses. Les brûlures progressent, je mue, la peau de mes pieds et de mes mains tombe en lambeaux, malgré les couches de crème et les pansements au tulle gras. Puis ce sont les ongles de mes pieds et de mes mains ; on panse à nouveau. Je ne blague plus sur ma décrépitude physique. Mon abdomen enfle, mes jambes, mes bras aussi. Je ne suis plus qu'un œdème douloureux. Je me traîne péniblement hors de mon lit.

Trois semaines plus tard, mon moral migre de mes chaussettes à l'hémisphère Sud. Je déprime très sérieusement. Pour la première fois, en consultation d'oncologie, je m'effondre en larmes. Mon oncologue ne résiste pas : il est d'accord, on arrête le massacre. Il tente bien de me proposer la poursuite de la chimio, mais dans une version diluée, chaque semaine, six séances en tout. Il se doit de le faire. Je suis déterminée : j'arrête.

Il me laisse un mois pour me remettre avant le rendez-vous avec la radiothérapeute. Il est temps de passer un scanner pour vérifier si la chirurgie et les quatre cures de chimio ont servi à quelque chose.

Considérons si c'est une femme

Pour la énième fois, je me rends dans le service de radiologie du CLB, et j'attends depuis seulement vingt minutes quand une femme me hèle de l'autre bout du couloir – je ne m'y fais pas. Je me lève, ramasse sac, veste et manteau, et me dirige vers le hall. Elle est de dos, ne se retourne même pas, ne me salue pas, ne me demande pas, comme le veulent les consignes, la confirmation de mon nom et de ma date de naissance. Elle marche vers la salle d'examen, me demande de poser mes affaires et d'enlever mon soutien-gorge. Je n'ai pas encore fermé la porte communiquant avec le hall d'accueil. Il m'aurait fallu solliciter quarante-deux muscles de mon visage pour froncer les sourcils, mais seulement quatre de ma main pour étendre mon majeur et lui signifier d'aller se faire voir. Je n'ai pas utilisé la communication gestuelle.

Il fait chaud comme dans tous les hôpitaux, je porte un pull assez fin en ce mois de janvier, et quiconque me regarde saisit qu'il n'y a ni seins, ni prothèses, ni soutien-gorge sur mon buste. Mais cette idiote n'a même pas pris la peine de me regarder, encore moins de consulter mon dossier. Elle a donc droit à un échantillon large de ma formation express à la considération, et mon vocabulaire est pour le moins fleuri – sans toutefois être grossier.

Il est probable que l'accueil et la salle d'attente pleine bénéficient aussi de mon exposé. Je suis très fatiguée, mais ma voix porte encore, et les univers carrelés sont assez sonores pour ne pas préserver la moindre intimité.

Elle porte un badge, mais son nom n'est pas visible. Plutôt que de s'excuser, elle choisit de relancer la conversation. Agressive, prise en faute, me lance *Alors, à une femme qui a un gros ventre, on ne peut plus demander si elle est enceinte ?* Quarante-deux muscles de mon visage se mettent en mouvement. Je comprends qu'elle parle de mon œdème post-chimio, qui m'a dotée d'un abdomen équivalent à celui de ma belle-fille qui, elle, entame son troisième trimestre de grossesse. N'ayant plus de seins à l'étage supérieur, on ne voit que ça : mon ventre.

Je pense que cette idiote inconséquente a versé la goutte de trop. Je ne peux plus rire ou ignorer ce manque chronique de considération, cette absence de bienveillance, le je-m'en-foutisme dans la gestion des consultations et des relations patients-soignants. Il eût suffi d'un *je suis désolée*, voire d'un incroyable *je vous prie de m'excuser*, et l'affaire se serait peut-être arrêtée là. Mais non, rien de tel.

Il faut que je lui tende le bras pour la pose du cathéter et de la seringue d'injection du produit de contraste. Je la mets en garde sur la fragilité de mes veines. J'en ai eu la preuve la veille encore par explosion intempestive de la veine de ma main lors de ma prise de sang hebdomadaire. Un hématome en atteste. Elle sort une aiguille assez grosse. Je lui demande si elle n'a pas plus fin. Pas de réponse, elle boude comme une enfant. Elle étudie la zone de ma veine basilique – oui, ça existe. *Non, là, je viens de finir un épisode thrombose, donc vous oubliez.* Elle en choisit une autre, pique, loupe, repique, fixe le dispositif d'injection et me demande de la suivre vers le scanner. Puis elle disparaît après l'examen, et j'attends l'interne pour l'interprétation. Je me demande où sont les radiologues, et pourquoi ce sont toujours les internes qui interprètent....

Je reçois avec soulagement la bonne nouvelle : pas de métastases, et Carlo, sur mon plexus, est invisible. Ce qui ne signifie pas qu'il a été éliminé ; il se planquait déjà en juillet. Un infirmier vient me retirer le dispositif d'injection. Je saigne comme un goret égorgé.

Fin de l'épisode. Je repars avec un hématome de plus.

Pour revenir à la manipulatrice radio et à son attitude, on me dit que c'est la routine, qu'elle dit cela à chaque patiente. Cela ne me satisfait pas ; la routine, c'est un ensemble d'actions irréfléchies et mécaniques. Le soin, l'accueil des malades ne peuvent être une procédure automatisée, standardisée, déshumanisée. L'ensemble des incidents que chaque malade chronique rencontre dans son parcours de soins, comme moi, à des degrés divers, représente autant d'épreuves, de frustrations, de douleurs, qui pourraient être évitées par des formations adéquates, des effectifs adaptés à l'activité, et probablement une rémunération des personnels plus juste.

Mon logiciel est simple : on m'agresse, je réagis fermement (euphémisme). Toutes les femmes ne sont pas en état de se défendre. Ce qui est pénible, ce n'est pas tant de ne plus avoir de seins – j'ai choisi cet état, je suis sans seins comme d'autres sont sans dents et, globalement, depuis cent cinquante et un jours, je trouve cela pratique, pour me crémer les jambes et l'abdomen, pour voir mes pieds dépourvus d'ongles en étant debout. J'économise du temps en habillage, en lessive. Ce qui est pénible, c'est la répétition des maladresses, l'absence quasi constante de considération. Loin, très loin de la promesse de prise en charge personnalisée.

Alors je décide de contacter la commission de relations avec les usagers de l'établissement. Cette commission est là pour éviter les procédures judiciaires ; elle n'est pas là pour améliorer le parcours de soins des patients. Mais c'est la seule structure de dialogue mise en place. Mes doléances ne se situent pas sur le terrain juridique. Je souhaite simplement que la direction prenne conscience des dérapages systématiques des personnels de radiologie. Visiblement, selon mes recherches sommaires, le problème de la maltraitance en radiologie constitue un axe récurrent de plaintes dans le système de soins français. L'hôpital Lariboisière, à Paris, en a fait un film, expliquant sa démarche pour y remédier.

Quelques semaines plus tard, le médecin en charge de la commission m'appelle – je réexplique. Il dit qu'il va convoquer ladite manipulatrice et m'informer du résultat. Dix mois plus tard, j'attends encore de ses nouvelles…

Je me pose beaucoup de questions sur la poursuite de mes traitements. Je sais que la radiothérapie n'est pas sans risque, et j'envisage depuis quelques semaines de refuser cette étape, pour passer directement à l'hormonothérapie. Ma fille, voulant me convaincre de ne pas jouer avec mon espérance de vie, contacte une de ses connaissances, qui travaille dans un autre centre de lutte contre le cancer, et j'obtiens les coordonnées d'un médecin auquel j'envoie mon dossier, pour avoir un avis neutre, ou presque.

Le sujet de mon possible refus de soins devient central dans nos échanges familiaux. J'inquiète toute la famille. Suis-je en train de renoncer à l'injonction de la tentative de guérison ?

J'explique que la tumeur du plexus implique qu'il est peu probable que les mots *rémission* ou *guérison* apparaissent dans le discours de mon oncologue. J'explique également que, selon mes analyses de sang, ce cancer, silencieux et discret, est toujours à l'œuvre, et que mon organisme continue à recevoir des cellules cancéreuses qui doivent sans doute s'agglomérer quelque part. Pour que les métastases soient repérables à l'imagerie, il faut que ces masses aient une taille minimale. Le résultat du scanner indique que rien n'est décelable, rien de plus. Certes, c'est une bonne nouvelle, mais il n'y a pas de quoi pavoiser.

Après avoir consulté ses collègues des différentes spécialités, l'oncologue sollicitée m'appelle. Je ne suis pas en état de me déplacer à l'autre bout de la France pour une consultation. Elle me dit que, sans examen clinique, il est difficile de rendre un diagnostic précis. Ses premiers mots sont *Votre cas est compliqué*… Je n'en doutais plus depuis longtemps. Elle comprend mes interrogations et me conseille néanmoins de rencontrer la radiothérapeute. Elle ne peut me conseiller l'abandon des traitements. Une question de déontologie, probablement.

J'obtiens des données sur les risques liés au traitement. Je note mes questions dans mon cahier – la chimio et le stress cumulés ont considérablement amoindri ma mémoire. Je sais que c'est transitoire. Je suis aussi devenue très maladroite, et la vaisselle valse au gré des faiblesses de mes mains, de ma mauvaise appréciation des distances. Les symptômes neurologiques et musculaires continuent à évoluer. Je prends contact avec un autre hôpital, un autre service. Ils sont tout aussi impuissants, mais j'y rencontre une psychologue. Deux fois. On me demande de faire un bilan neurologique, mais rien de concluant n'en ressort.

Ma vision baisse et est troublée, je suis éblouie facilement. J'appelle une amie ophtalmologue – encore un hôpital, encore un bilan. Rien d'alarmant. Je fais encore face aux effets secondaires des quatre cures de chimiothérapie ; cela peut durer longtemps.

Qui perd gagne

Le service de radiothérapie du CLB n'est pas dans le bâtiment de médecine nucléaire mais, bien entendu, personne ne m'a prévenue. Je me perds, préoccupée par la discussion qui va suivre. Procédure d'accueil habituelle au sous-sol, étiquettes et attente. La secrétaire m'annonce *Vous revenez demain pour le marquage.* Moi : *Non, je ne reviendrai pas demain.* Elle: *Mais si, vous êtes notée.* Moi: *Mais non. Bordel, quand je vous dis que je ne reviendrai pas… Merci de prendre en compte ma réponse.* Elle, lassée: *Bon, vous verrez cela avec le médecin.* Voilà.

Quarante minutes plus tard, la radiothérapeute est accompagnée de son interne, *de passage*. Je suis tentée de demander qu'elle sorte: elle est interne en chirurgie plastique, sa présence ne me semble donc pas indispensable. Je m'abstiens. Trois écrans sur le bureau obstruent la vue du médecin, la mettant à distance des patients derrière un mur. Ce besoin des radiologues de se protéger du contact direct en dit long sur la psychologie de ces praticiens, avant tout techniciens. Je me dis que cela ne présage rien de bon sur la communication.

Elle me demande de me déshabiller pour examiner la zone à traiter. Je m'exécute, mais je demande de l'aide pour enlever ma robe, mes bras me faisant toujours mal. Elles demandent à voir la cicatrice sous le pansement, et là, l'interne ramène sa science et remet en cause le protocole de soins qui, jusqu'alors, a bien réussi. Elle conclut sa tirade par *Comme ça, vous pourrez mettre votre soutien-gorge…*

Je demande sèchement à la donzelle de retourner sur le banc de touche et d'y rester, si possible en silence, puisque je n'ai pas requis sa présence. Une fois rhabillée, je précise ma pensée et y vais de mon laïus maintenant bien rodé par la force de choses sur le manque de psychologie et sur les dégâts occasionnés.

La radiologue reprend le cours de ses explications. Le projet du groupe de radiothérapeutes qui s'est penché sur mon cas est d'irradier uniquement la partie droite du thorax, mais de manière intensive – bombardement maximal sur une surface limitée. Code rouge dans mon cerveau. Dégâts collatéraux à prévoir. Le programme prévu : vingt-cinq doses de deux grays, et dix de plus si j'accepte ce qu'elle nomme un *boost*, une dose supplémentaire, uniquement sous l'aisselle. S'ensuit le descriptif des toxicités et des risques encourus, zone par zone. Tout en notant, je me dis *Est-ce bien raisonnable de prendre ces risques, de bombarder autant de tissus sains pour autant d'effets secondaires à court, moyen et long terme ?* J'exprime mes réserves, pose les questions préparées, mais n'obtiens pas de données chiffrées sur le bénéfice/risque de ce qui m'est suggéré.

Il est vrai que proposer à cinq mille femmes de ne pas se faire traiter et à cinq mille autres de le faire, et d'observer qui meurt de quoi et quand, ce n'est pas envisageable.

Je remarque que mes questions bien documentées agacent la dame. J'explique que je n'ai pas encore pris ma décision, et que ce qu'elle me propose, c'est la dose maximale tolérable par un organisme, que si je disposais de finances me le permettant, j'irais à New York ou à Lausanne prendre un autre avis, puisque les stratégies des radiothérapeutes, là-bas, semblaient être différentes. À ce point, je sens que nous sommes passés de l'agacement au stade supérieur. Son langage corporel parle pour elle – bras croisés, lèvres pincées, elle me propose alors de rencontrer *un collègue masculin plus âgé*. Pense-t-elle que c'est une question d'âge ou de genre ? Que ce que je refuse d'entendre d'elle, je l'accepterai d'un homme plus âgé que moi ?… J'en tombe presque de ma chaise. Mille combats féministes pour entendre ça !

En fait, elle veut refiler la patate chaude à un autre. La patiente n'est pas coopérative, alors on la dégage à un collègue. Je demande du temps pour prendre ma décision, je dois en reparler avec mon généraliste et avec mon oncologue. Elle peut annuler le marquage prévu demain, que personne n'a jugé opportun de m'annoncer, et que je n'ai appris qu'en arrivant. Le libre choix du patient, *vous vous souvenez du concept ?*

L'ambiance est explosive. Je prends congé et lui dis que je la tiendrai informée par mail ou par téléphone de ma décision. Il est clair que je ne me suis pas fait une alliée.

S'ensuivent appels et consultations de différents médecins. Mon généraliste comprend ma position, mon oncologue ne peut déontologiquement me soutenir. Je prends encore un avis extérieur. Je retourne le problème dans tous les sens. Et, finalement, je refuse.

J'en informe la radiothérapeute, qui insiste pour me revoir. Je me rends donc à cette consultation, elle plaide pour sa paroisse, je reste sur mes positions. Je prends le risque de laisser des cellules cancéreuses sur la partie droite de mon thorax, et je refuse que mes poumons, mon cœur, et tous les tissus sains environnants, absorbent des rayons qui, à terme, risquent de déclencher des pathologies handicapantes, graves. Des cancers radio induits qui pourraient survenir rapidement – ou dix, ou quinze ans plus tard, ou dans l'intervalle. L'irradiation de mon plexus constitue le plus gros risque. Les conséquences peuvent être équivalentes à la progression de la tumeur. À quoi bon bombarder, si au final je me retrouve dans un état plus grave ou identique à ce que la tumeur en évoluant induirait ?

Libérée du cancer, mais paralysée. Libérée du cancer, mais avec des douleurs aussi aiguës que pendant l'épisode Taxotere. Libérée du cancer, mais les poumons abîmés. Libérée du cancer, mais avec une insuffisance cardiaque chronique. Libérée de Carlo, mais avec un autre cancer. Nous prenons congé ; ce fut bref.

En rentrant, je trouve un courrier de la caisse d'assurance maladie m'informant que les six mois d'indemnisation sont passés, et que je ne toucherai plus d'indemnités. Malade ou pas, ils ne paient plus. Je n'ai aucune énergie à consacrer au sujet, et j'opte pour la demande de pension d'invalidité. Je monte le dossier, et l'expédie.

Je suis convoquée rapidement par le médecin de la CPAM, j'apporte mes sacs de comptes rendus et d'analyses – cancer, neurologie, ophtalmo. Je raconte mon histoire, et elle note. Je lui propose de m'examiner, puisqu'il y a une table. Elle refuse ; pour elle, la cause est entendue, je ne suis pas en état de reprendre une activité. Je reçois quelques semaines plus tard mon avis d'invalidité. Encore une case à cocher. Une étiquette de plus : senior, malade et invalide – le tiercé perdant. Ma banque va apprécier la chute supplémentaire de revenus.

Je me traîne avec mes douleurs de chirurgie, mes douleurs neurologiques et une fatigue chronique lorsque je commence la kinésithérapie. Mes trous se sont enfin refermés, et la peau est consolidée. Il faut entamer le chantier de rééducation.

Mon infirmière me donne les coordonnées d'une kinésithérapeute qui exerce dans mon secteur et qui travaille uniquement à domicile. Elle ne compte pas ses heures, elle assouplit mes cicatrices, fait disparaître l'œdème généralisé, m'évite le manchon de contention du bras. Pendant huit mois, à raison de trois séances par semaine, puis deux, elle me remet presque d'aplomb. Avec douceur et patience, elle me fait du bien. Je supporte les douleurs des massages des cicatrices. Il faut libérer les tissus laissés à leurs adhérences trop longtemps. Il faut drainer la lymphe qui stagne. Jour après jour, les choses s'arrangent. Je reprends la marche. Mais de nouveaux symptômes apparaissent : mes doigts et mes orteils se rétractent.

La faculté y perd son latin. Mon grec étant absent, je suis dans la panade. La phrase la plus entendue : *Nous ne voyons pas d'où vient le problème.* Les limites de la médecine. J'ai lu dans une étude que certains effets physiques délétères étaient induits par les traitements et pouvaient parfois devenir chroniques, voire irréversibles. La liste est exhaustive – des douleurs, de la fatigue, des œdèmes lymphatiques, des déficits cognitifs, des dysfonctionnements gastriques, urinaires et sexuels, de l'infertilité, de la ménopause précoce et, bien entendu, la survenue d'un second cancer.

Arrive le mois de mars, j'ai un duvet de poussin sur le crâne. Un déjeuner de famille est prévu à Paris, il faut que je me trouve une robe qui m'aille pour célébrer deux anniversaires et un pacs. C'est ma première sortie shopping et, depuis neuf mois, mon premier voyage. Je profite de cette escapade pour donner rendez-vous à un groupe d'amies que je n'ai pas vues depuis trop longtemps. J'ai refusé chacune de leurs offres de visite – trop fatiguée, trop abîmée. Nous rions et je bois un peu, pour la première fois, depuis neuf mois. Je suis tellement contente de ce premier retour à un semblant de normalité… Le lendemain, je participe au déjeuner organisé par ma fille, mais je décline la soirée dansante. Épuisée, je rentre. Les enfants comprennent que je ne suis pas encore en état, je remonte doucement la pente.

C'est à cette époque que ma fille annonce sa grossesse. Ma belle-fille doit accoucher en avril, il y aura donc deux naissances cette année. Ces perspectives constituent une belle motivation pour ne pas me laisser envahir par l'abattement. Mon périmètre de vie est réduit. J'apprivoise un handicap qui évolue, je perds toute force dans les bras, personne n'a de solution, et ce n'est pas le cancer qui induit cela. La fatigue ne s'estompe pas.

Je retourne prendre l'avis d'un neurologue, c'est inutile. J'abandonne le questionnement sur le diagnostic et me concentre sur ma remise en forme. On traite les symptômes. Je tente l'acupuncture sans résultat. J'essaie de ne pas prendre trop d'antalgiques. Je négocie avec mon oncologue de décaler le début du traitement d'hormonothérapie après la naissance de ma petite-fille. De nouveaux effets secondaires de ce traitement pourtant essentiel sont à escompter.

En avril, la petite princesse arrive avec un peu d'avance. Je me précipite à Paris pour la rencontrer et féliciter ses parents. Puis c'est la Pâque juive ; je pars chez ma fille pour y passer quelques jours et cuisiner le repas traditionnel. Première soirée tardive.

J'essaie de reprendre le cours de ma vie, petit pas par petit pas. Je peux de nouveau conduire, mais je n'arrive toujours pas à ouvrir une bouteille d'eau. Je casse moins de vaisselle, je ne peux pas porter ma petite-fille pourtant légère.

À la loterie des effets secondaires de l'hormonothérapie, j'ai bien entendu gagné. De nouvelles douleurs musculaires et articulaires s'invitent. La fatigue, ma nouvelle compagne, ne me quitte pas. Je résiste et tente de m'extraire de ma campagne pour rendre visite à mes amis, mais chaque expédition est suivie d'une période de repos complet. Je cesse de dire non aux propositions de visites qui me font deux fois plaisir, à l'arrivée des invités et à leur départ.

En juillet, avant les anniversaires des enfants, il y a l'anniversaire de mon cancer, qui est célébré au service de radiologie par une séance IRM de mon plexus. Tout est en ordre, Carlo est toujours là. Je vis désormais avec une enclume au-dessus de la tête, et une tumeur au chaud sous mon aisselle, prenant scrupuleusement mon traitement chaque soir. Chaque fois que je croise mon reflet dans le miroir, je regarde mon buste balafré, les ratés de la chirurgie, les traces des drains. Je ne suis pas prête à faire réparer les dégâts les plus graves. Je me demande si je ne le serai jamais.

Cette simple pilule qui doit me protéger me rend malade. Je sais que je n'ai pas le choix. Cesser le traitement aurait des conséquences certaines. Les statistiques de mon oncologue sur le sujet sont parlantes.

Je repense à cette femme rencontrée un jour en suivi de chirurgie qui m'avait dit suivre le même protocole que moi depuis cinq ans et bien le supporter. En souriant, je lui avais répondu *C'est donc vous, la femme qui est donnée en exemple par les médecins, celle qui prend son comprimé chaque jour et qui va bien ?* Elle avait ri. Comme moi, elle connaissait les chiffres. Plus de la moitié des femmes abandonnent le traitement, et, dans la moitié restante, une partie non négligeable des patientes ne déclare pas l'interruption à leur médecin.

Au bout de quatre mois, j'en suis déjà à évaluer les risques et le bénéfice. Vivre mieux moins longtemps, ou vivre diminuée avec le risque toujours présent d'une évolution de mon cancer ?

Je résiste à l'envie de cesser le combat.

Je sais que c'est un traitement à durée indéterminée.

À la vie, à la mort.

Je choisis la vie.

Pour le moment.

Je dis encore *Fuck my cancer.*

Nul ne peut prévoir ni se prémunir contre une possible révolte de son corps sous la torture, exigeant benoîtement – bestialement – de votre âme, de votre volonté, de votre idéal du Moi, une capitulation sans condition ; honteuse, mais humaine, trop humaine.

Ce qui est inhumain, alors, surhumain en tout cas, c'est d'imposer à son corps une résistance sans fin à l'infinie souffrance.

D'imposer à son corps, qui n'aspire qu'à la vie, même dévalorisée, misérable, même traversée de souvenirs humiliants, la perspective lisse et glaciale de la mort.

Jorge Semprun, *Exercices de survie*

PAPIER À BASE DE
FIBRES CERTIFIÉES

Fayard s'engage pour l'environnement en réduisant l'empreinte carbone de ses livres. Celle de cet exemplaire est de :
0,650 kg éq. CO_2
Rendez-vous sur www.fayard-durable.fr

30-1122-0/01
Dépôt légal : avril 2015
Imprimé en Espagne par Industria Gráfica Cayfosa